JN029321

小原 豊・北島茂樹 編著

未来を拓く ICT教育の 理論と実践

Yutaka Ohara
Shigeki Kitajima

東洋館
出版社

まえがき

　我々は現在ポストコロナ期におり、GIGAスクール構想によって拡充された情報環境を生かした新しい学校教育が求められています。タブレットやモバイル等のハンズオン型機器やデジタル教科書や電子黒板、学習支援システムによる統合型校務など、日々刷新される情報通信技術の使い方の総合的な理解が必要なのです。実際、中央教育審議会の答申「『令和の日本型学校教育』の構築を目指して」（第228号）の提言を受け、教育職員免許法施行規則・教職課程認定基準が改正されました。その重点として、令和4年度から「情報通信技術を活用した教育の理論及び方法」を含む科目が必修化しました。これはすなわち「ICTを使った学校教育ができない方に教員免許は出せない」という判断を法制化したものです。テクノロジの進歩は従来の学習指導を充実させるにとどまらず、学校教育の在り方を抜本的に変えてしまいます。この社会に次々と現れる先端技術を意欲的かつ自制的に使いこなして新たな価値を創造できる教員こそが必要なのです。

　以上から、本書は教員を志望する方々にICT教育の基本原理、指導手法と実践展開に関する諸知識を包括的に獲得するためのテキストとして企画したものです。ICTによる展望を総合的に示す第1章を除き、第2章から9章までの8つの章では理論編（第1節）の後に実践編（第2節）が続き、学校現場の内実を伴った内容になるように著者一同心がけました。本書が、教員を目指す学生諸君や現職教員の方々にとってICT教育への取り組みへの理解を深める基礎となり、このSociety 5.0にて生き生きと先進的に学び続けていく児童生徒を育ててくださることを願っております。

　末筆になりましたが、本書の刊行に当たり、東洋館出版社の大場亨様には格別のお力添えをいただきました。ここに記して深謝申し上げます。

2023年12月

編著者代表　小原　豊

目次

まえがき ……………………………………………………………………………………… 1

第 1 章　ICT 教育のパースペクティブ ……………………………… 7

第 1 節　ICT 教育の概要 ………………………………………………………… 7

1　ICT 教育の目標と課題 —— 7

2　ICT 教育の歴史 —— 9

3　ICT 教育の評価 —— 13

第 2 節　ICT 教育の展望 ………………………………………………………… 15

1　OECD Education 2030 における ICT 教育 —— 15

2　令和の日本型学校教育における ICT —— 19

3　教育ビッグデータの利活用 —— 23

第 2 章　校務のデジタル化と統合型管理 ……………………… 26

第 1 節　校務のデジタル化 ……………………………………………………… 26

1　校務 DX と教員の情報リテラシーの刷新 —— 26

2　StuDX Style による情報共有 —— 30

3　デジタルワークスペースによるデータ共有 —— 34

第 2 節　実践編 ……………………………………………………………………… 38

1　Apple Classroom の導入実践 —— 38

2　Google Classroom による情報管理の実践 —— 41

3　クラウドストレージによる一元管理の実践 —— 44

4　校務の自動化に向けた実践 —— 47

第3章　ICT 教材とデジタルコンテンツ ······· 50

第1節　デジタル教科書と電子黒板の展開 ······· 50

1　デジタル教科書の現状と課題 —— 50
2　電子黒板の種類と機能 —— 52
3　動画コンテンツのアーカイブ —— 56

第2節　実践編 ······· 58

1　デジタル教科書での授業実践 —— 58
2　電子黒板を活用した授業実践 —— 61
3　NHK for Schoolによる家庭学習の実践 —— 64

第4章　授業支援システムの展開 ······· 67

第1節　授業支援システムの概要 ······· 67

1　授業支援システムの種類と機能 —— 67
2　アクティブ・ラーニングでの展開 —— 71
3　デジタルポートフォリオの活用 —— 75

第2節　実践編 ······· 77

1　ロイロノートによる器械体操の授業実践 —— 77
2　ミライシードによる個別最適な学びの実現 —— 80
3　スクールタクトによる学級状態の把握 —— 83
4　eポートフォリオを活用した授業実践 —— 86

第5章　プログラミング的思考とコンピューティング ······· 89

第1節　プログラミング的思考の本質 ······· 89

1　プログラミング的思考 —— 89
2　ビジュアルプログラミング言語 —— 93
3　アンプラグドプログラミング —— 97

第2節　実践編 ······· 99

1　Scratchによる言語表現のアニメーション化の実践 —— 99
2　プログラミングゼミによる総合的な学習の時間の実践 —— 102
3　アンプラグドプログラミングによる授業実践 —— 105

第 6 章　STEAM 教育と EdTech 教材・教具 ⸻ 108

第 1 節　STEAM 教育の本質 ⸻ 108

1　次世代型の人材育成 —— 108
2　STEAMコンテンツの開発 —— 112
3　EdTech教材・教具の発展 —— 116

第 2 節　実践編 ⸻ 120

1　LEGOによるロボティックス教材の実践 —— 120
2　タンジブル教材ドローンTello EDUの実践 —— 123
3　AR楽器アプリKAGURAの授業実践 —— 126
4　動画編集アプリによる授業実践 —— 129

第 7 章　特別なニーズのある児童生徒支援における ICT 活用 ⸻ 132

第 1 節　特別なニーズのある児童生徒支援 ⸻ 132

1　ICTによる学びのユニバーサルデザイン —— 132
2　生徒指導・教育相談におけるICT活用 —— 134
3　特別支援教育におけるICT活用 —— 138

第 2 節　実践編 ⸻ 140

1　ICTを用いた特別支援教育としての理科授業 —— 140
2　ICTを用いた特別支援教育としての国語科授業 —— 143
3　関係形成を支援するICT活用 —— 146

第 8 章　デジタル・シティズンシップ ⸻ 150

第 1 節　デジタル・シティズンシップ ⸻ 150

1　デジタル・シティズンシップ —— 150
2　権利問題とクリエイティブ・コモンズ —— 154
3　ネットいじめとサイバー監視 —— 156

第 2 節　実践編 ⸻ 160

1　個人情報保護の実践〜写真の取り扱い方を知ろう〜 —— 160
2　ファクトチェックの実践〜正しい情報の見分け方〜 —— 163
3　誹謗中傷予防の実践 —— 166

第9章　ICT教育の可能性と未来の学び ⋯⋯⋯⋯⋯⋯⋯⋯ 169

第1節　ICT教育の可能性 ⋯⋯⋯⋯⋯⋯⋯⋯⋯⋯⋯⋯⋯⋯⋯ 169

1　CLIL学習と複言語教育 ── 169

2　不登校対策としてのアバター活用による修学支援 ── 173

3　メタバースでの没入型学習 ── 175

第2節　実践編 ⋯⋯⋯⋯⋯⋯⋯⋯⋯⋯⋯⋯⋯⋯⋯⋯⋯⋯⋯⋯ 177

1　同時翻訳アプリの活用 ── 177

2　別室登校児童へのICT活用実践 ── 180

3　メタバースでの没入型学習の実践 ── 183

引用・参考文献 ⋯⋯⋯⋯⋯⋯⋯⋯⋯⋯⋯⋯⋯⋯⋯⋯⋯⋯⋯⋯⋯⋯⋯ 187
索引 ⋯⋯⋯⋯⋯⋯⋯⋯⋯⋯⋯⋯⋯⋯⋯⋯⋯⋯⋯⋯⋯⋯⋯⋯⋯⋯⋯⋯ 196

第1章

ICT教育のパースペクティブ

この章では、ICT教育の目標と内容、歴史、評価法を概括した上で、我が国や国際社会で展望されているICT教育の姿を明らかにします。

第1節 ICT教育の概要

1 ICT教育の目標と課題

　ICT（Information & Communication Technology）教育とは、情報通信技術を学習指導の内容ないし方法として教育分野に取り入れることです。

　ICT教育の目的は、主体的に社会に参画できる創造的な人材の育成であり、そのための目標は、更なる発展が予期される高度情報化社会において必要な能力を身に付けることにあります。Society 5.0の変革期にいる我々にとって、先行き不明なVUCA時代を生き抜く上で未知の困難に柔軟に対応し、自らの人生を切り拓く人材の育成は最優先課題の1つです。

　学制発布から150年以上黒板とチョークを使い続けるように保守的傾向の強い我が国の従来の学校現場のICT環境は充実しているとは言いがたい状況にありました。科学技術創造立国を目指すビジョンを省みても刷新が必要な実情でしたが、近年の新型コロナウイルス感染症蔓延による緊急事態宣言発令下の自粛期間が、学習管理システム（LMS）やデジタルデバイスなどを用いる教育の必要性の実感に拍車をかけました。その結果、現在は①児童生徒にICTを操作する知識や技能、態度を指導すること、②ICTを用いて教科等を効果的に指導すること、③ICTを用いて教材研究や学級経営、校務分掌を能率的に行うこと、が求められています。すでに令和2年度から段階実施されている現行学習指導要領では、学習の基盤となる資質・能力の1つに、自らの問題解決に必要な情報を収集し活用する能力の育成が挙げられており、1人1台端末と高速大容量の通信ネットワ

ークを一体的に整備するGIGAスクール構想が概ね実現された今日、ICT活用によるその着実な遂行が我々教員の責務といえます。

　また、ICT教育を進める具体的目標として、学習活動の効率化や動的表現による興味喚起と理解促進、間接経験の充実、学習プロセスの可視化などが挙げられますが、特に指導上の要点として以下3点が考えられます。

　　1）時間的または空間的制約を超えた協働的な学びの実現
　　2）学習ログに基づく公正に個別最適化された学びの提供
　　3）多様で柔軟な学びの形態による画一的指導法からの脱却

　そして、光があれば影があるように、こうした革新的メリットと同時に、ネットいじめや家庭環境による情報格差等のリスク発生も懸念されます。しかしそれらはICT教育を学校で行わなければ霧散するわけもなく、むしろ学校において、適切な使用法による依存症予防やフィッシング対策なども含めて積極的に対処せねばならない事柄といえます。

　こうしたICT教育を不断に進める上で留意すべき課題が2つあります。

　第1に、学力観の刷新です。テクノロジの進歩は従来の学習指導を充実させるにとどまらず、学校教育の在り方を抜本的に変えていきます。例えば、児童生徒の知識及び技能、思考力、判断力、表現力等、主体的に学習に取り組む態度といった学校教育法第30条2項で規定された学力を向上させることを旨としても、その肝心な学力自体の内実が刷新されていきます。Chat GPTのような生成AIによって代替可能な業務に従事する知識技能偏重の学びではなく、次々に出現する新たなテクノロジを自制的に進んで使いこなして新しい価値を創造できる人材を育成せねばなりません。

　第2に、改革の持続可能性です。ICT教育を支える先端のテクノロジはその名のとおり常に更新されます。これは行政面での恒久的な予算確保だけでなく、教員のICT管理や利活用の絶えざる修養を求めるものです。すでに日々多忙な教員が「ICTで指導を充実させるために研鑽を厭わない」という美徳をもたねばなりません。そのために「児童生徒にICT教育を行うことで高度情報化社会への主体的な参画をリアルに支えるという民主主義の根幹を担っている」という高い使命感をもつことが大切です。

〈小原　豊〉

2 ICT教育の歴史

ICT教育の歴史、ここでは紙幅の都合から特に我が国及び米国でのICT教育黎明期について概略します。

(1) 我が国における黎明期のICT教育

我が国の行政が本格的にコンピュータを学校教育に導入し始めたのは、1995年に通商産業省（当時）が企画した、100校プロジェクトでした。当初のコンピュータの教育利用は、文部省（当時）ではなく通商産業省が主導したのです。コンピュータ関連会社も、100校プロジェクトに先立って1980年代後半からコンピュータの教育利用導入を模索していました。こうした動向は、米国でのコンピュータの教育利用の実践に影響を受けていたと言っても過言ではないでしょう。欧米での教育におけるコンピュータ利用が我が国よりも早期に利用された要因の1つは言語文化の違いでした。欧米が用いるアルファベットなどの文字記号は、256種類に収まっており、それらを表すには8ビットパソコンで十分だったのです。1ビットとはオンとオフができる1つのスイッチであり、これが直列に8個連結されているとオン・オフの場合の数は2^8、つまり256とおりです。8ビットを1つの単位としてシステムをつくったのが8ビットパソコンです。米国では1990年代前半にすでに身の回りの道具としてパソコンがあふれ始めており、例えば空港にはパソコンが随所に設置してあって、フライト情報やゲート案内などが得られました。その当時の日本では、8ビットパソコンにアルファベットや記号以外に日本語を対応させようとすると、51文字のカタカナを割り当てるのが精一杯でした。漢字を含む日本語の文字を割り当てるのには、16ビットパソコンの開発が必要でした。すなわち、我が国の教育にて母国語でパソコンを利用するには、16ビットパソコンの登場を待たなければなりませんでした。こうした制約下で、我が国のコンピュータの教育利用は徐々に進められ、1990年代後半に公立校への本格的導入が始まりました。

少なくとも「学校に1台」のコンピュータを導入することから始まったコンピュータ教育普及は、ようやく1990年代後半になって、コンピュー

タ活用推進校に45台を設置できる段階になりました。その当時は全ての
コンピュータはコンピュータ室に配置していました。そうした環境でコン
ピュータを教育利用する方法が研究主題となっていたのです。学習効果が
上がるコンピュータの教室配置に関する議論、インターネットを活用する
場合の光と陰に関する議論、コンピュータソフトウェアの授業での活用実
践事例の報告など、多岐にわたる議論が活発になっていきました。この時
期に、文部省（当時）は小・中学校での教育実践のためのリーダー教員の
育成を毎年行うようになっていきました。

　2005年になると、文部科学省は学校教育情報化推進総合プランを打ち
立てて、学校教育でのコンピュータ活用を本格化しました。授業での活用
はもちろん、校務でも用いるようになっていったのです。そして2008年
には、2010年度までに全ての学校に校内LANを設置すること、教育用コ
ンピュータ1台当たりの児童生徒数を3.6人にすること、全教員がICT
を活用した指導ができるようになること、などの目標が設定されました。
この時期には、日進月歩のコンピュータの進歩と歩調を合わせるように、
コンピュータの教育利用は急激に進展していきました。そして2013年に
は、電子黒板や実物投影機の導入、無線LANの整備、校務用コンピュー
タを全教員に配備、などが計画されたのです。その後2018年には、
Society 5.0に向けた持続可能な社会教育システムの構築とともに、普通教
室にも無線LANの整備が計画されました。また、2019年にはGIGAスク
ール構想が明示され、2020年には我が国の全ての児童生徒を対象にタブ
レットが配布されました。中央教育審議会が、1985年に情報化への対応
を提示してから本格化した学校教育へのコンピュータ活用は、2008年以
降の15年間という短期間で、コンピュータを活用した最先端の教育が普
及し、その質も充実しました。今では、コンピュータがない学校教育は考
えられなくなっています。

⑵　米国におけるコンピュータ開発とICT教育の黎明

　コンピュータの黎明期を計算機と位置付けると、その歴史は17世紀ま
で遡りますが、私たちが現在コンピュータと認識する原型が開発されたの
は1946年です。コンピュータ開発の最先端にあったのは米国です。コン

ピュータが本格的に活用できる段階に達したのは、科学的な計算に適した
コンピュータ言語であるFORTRANが開発された1957年頃でした。この
頃になると、我が国の企業もコンピュータ開発技術を世界で競うようにな
っていきました。その後コンピュータが小型化していくと、1964年には
プログラミングを教育する目的でコンピュータ言語BASICが開発されま
した。なお、教育利用を強く意識して開発されたコンピュータ言語は、
1970年に開発されたLOGOといえるでしょう。LOGOの開発チームは「数
学や自然科学から来る強力な概念を，子供が個人的な力を行使する道具と
して用いることができるに違いない」という理念をもっていました。この
LOGOの考え方を継承してつくられたプログラム言語がScratchです。い
ずれの言語もマサチューセッツ工科大学のメディアラボが、現在も教員研
修の機会を提供し、具体的な学習活動を提案し続けています。LOGOは、
プログラミング教育にとどまらず、科学の諸概念を構築していく一助にし
ようとしていた点で、他のコンピュータ言語とは性格を異にしています。
「物理学や数学、言語学などから来た強力な概念が、子供が話し方を覚え
るように自然に遊びを通して身に付くよう埋め込まれている」機械や言語
を開発したからです。タートルと呼ばれる向きをもった亀型のアイコンに、
図形をかかせる作業をプログラミングする過程で、方向と大きさを意識し
ながら平面図形を認識することになります。この活動を「タートル幾何」
と呼ぶこともあります。児童生徒は、タートルに自分を投影することがで
きるので、自分の動きを幾何学の学びに持ち込めるという考え方です。そ
こには方向と大きさをもつベクトルの概念が活用されています。タートル
で正三角形や正方形をかくプログラムがつくれた児童生徒が、タートルを
少し前進して少し回転することを繰り返すと、円がかけると気付く事例ま
で報告されています。これは円が一定の曲率をもっていることを、児童生
徒が直観的に理解していることの証です。数学的には微分方程式につなが
る直観を、児童生徒が生活経験から獲得しているといえるでしょう。一方
で、こうしたタートルを制御するプログラミングの学びは、言葉を覚える
ようなものだとも考えられます。1970年には、こうした形で数学の本質
を学びながらプログラミングを学ぶ教育プランが画策されていたことに驚

かされます。

　現在我が国では、児童生徒の学習をうまく管理しながら施行を促すロイロノートなどのアプリケーションとともに、Scratchをはじめとするビジュアルプログラム言語を用いた教育が進められています。そこでのプログラミング教育の内容の多くは、教科書に明記された教科教育の指導内容の範疇にとどまっています。歴史を省みたとき、私たちは上記のタートル幾何のように、教科教育の基になる学問領域までも見据えた教材開発を心がけて、コンピュータを活用する上での内容と方法を考え続けていく必要があるのではないかと考えさせられます。

〈金児　正史〉

3 ICT教育の評価

　ICTを教育に活用するに当たり、学習評価についてはICT環境やデータの標準化などの基盤が整備されつつあります（文部科学省，2018a）。子供たちが問題をどう解いて解決時間はどのくらいだったのかなどの過程が記録収集できるスタディログと呼ばれる学習履歴データを入手できるようになりました。このスタディログと教員の指導法や学習活動デザインを突合することで、指導と学習をセットにしたデータ収集が期待されます（国立教育政策研究所，2020a）。一方で、国立教育政策研究所（2020a）は、教員からの一方的な知識伝達・注入型の学習のほうがデータを収集・処理しやすくなるため、学びが固定化されてしまう傾向を指摘しています。同様に、AIドリルや講義動画、そのテストというトレーニング主体の授業が危惧されます。それによる成績向上が学力向上の全てだと自明視して教育のリソースを多分にそこに注いでしまい、目的と手段の転倒が起こってしまうことが懸念されるのです。このような点に鑑みると、ICT教育の評価を考える上で、多様な学びの中に高度情報技術を活用した学びを位置付けるべく、学びのイメージを明確化しておく必要があります。

　Pellegrinoら（2001）によれば、評価とは常にエビデンスを基に推論するプロセスです。なぜならば、子供たちの頭の中を直接覗く方法がない以上、根本的に子供が何を知っているのかを知ることはできないからです。そこで、評価のプロセスにおいて互いに関わり合う3つの本質的な要素を捉えるために図1-1のような「評価の三角形（The assessment triangle）」が提唱されました。

　図1-1の3つの要素のうちまず「認知」が基礎であり、子供がいかに

図1-1　評価の三角形（Pellegrinoら，2001）

自らの知識を表現し、資質・能力を身に付けるのかの起点となります。次に、どのモデルに基づいて子供のいかなるパフォーマンスを見たいのか、それを見るためのタスクや状況は何かを定めることで「観察」の仕方が決まります。最後に観察によって集められたエビデンスを「解釈」するプロセスを経て、評価が行われます。

　ICTの導入によって子供たちの学びの履歴が可視化され比較しやすくなりますが、国立教育政策研究所（2020b）は、評価の三角形を基にデータの収集と可視化がそのまま評価になることについて問題提起しています。例えば課題解決中の発話を子供ごとにカウントし、発話の多かった子供を「主体的に課題に取り組んだ」と判断したとします。この背景には「発話の多い子供のほうが主体的に課題に取り組んでいる」と考える認知モデルがあり、それに基づいて発話を観察し、発話数の差を解釈することで意味付けています。しかしこの認知モデルは仮説の1つでしかありません。「学び方は多様であるため多く発話している子供のほうが主体的に課題に取り組んでいるとは限らない」という別のモデルもあり得ます。そうしたモデルを基に新たに観察を行い発話内容のデータを収集すると、発話数は多いが課題に関する内容の割合が低い子供や、発話数は少ないものの内容のほとんどが課題に関するものである子供の姿も見えてきます。

　評価は認知・観察・解釈を何度も行き来しながら子供の学びを少しでも的確に推測しようとする営みです。そのために、想定しているモデル（認知）やそれをどのようなデータで見るかということ（観察）、モデルに基づくデータの意味付け（解釈）、の3つの連動を意識することが大切です。ICTの導入によって多様で豊かなデータが収集できるようになることで観察の可能性が広がるため、評価に関わる教員同士でそのデータの背後にある認知過程について丁寧に検討し共通認識をもつことが重要です。このように、ICT教育には多様な学びの姿を捉え評価し、適宜子供にフィードバックして改善を促していくことがより一層求められてくるでしょう。

〈北島　茂樹〉

1 OECD Education 2030におけるICT教育

⑴ OECDラーニング・コンパス2030

不安定さ、不確実さ、複雑さ、曖昧さが急速に進展する世界に直面する現代において、以下の2つの問いに対する答えを見いだすことを目的とし、2015年からOECD Education 2030（OECD Future of Education and Skills 2030）が始動しました。

・現代の生徒が成長し、世界を切り拓いていくためには、どのような知識、スキル、態度及び価値が必要か。

・学校や授業の仕組みが、これらの知識、スキル、態度及び価値を効果的に育成できるようにするためには、どのようにしたらよいか。

2019年にフェーズ1（2015年～2018年）の成果として公表されたコンセプトノート（OECD, 2019b）の中で、図1-2に示す「OECDラーニング・コンパス2030」が示されました。ラーニング・コンパスは，教育の未来に向けての望ましい未来像を描いた進化し続ける学習の枠組みです。ラーニング・コンパスの構成要素として、カリキュラム全体を通して学習するために必要となる基礎的な条件や主要な知識、スキル、態度及び価値を指す「学びの中核的な基盤」、その基盤をもとに育成される「変革を起こすコンピテンシー」、更に、「見通し・行動・振り返りのサイクル」が位置付いています。そして、「変化を起こすために、自分で目

図1-2　ラーニング・コンパス2030（OECD, 2019b）

標を設定し、振り返り、責任をもって行動する能力」（OECD, 2019d）と
定義されるエージェンシーが、ラーニング・コンパスの中心的な概念です。

　この学びの中核的な基盤に、2030年に必要とされる主要な知識、スキル、
態度及び価値として、読み書き能力、ニューメラシー（数学活用能力・数学
的リテラシー）、デジタル・リテラシー（デジタル機器・機能活用能力）、データ・
リテラシー（データ活用・解析能力）が位置付けられています。あらゆる分
野でデジタル化が進み、AIの進歩とビッグデータの出現により大きく変
化する社会を生き抜くために、全ての児童生徒にとって、デジタル・リテ
ラシーとデータ・リテラシーが必要です。したがって、OECD Education
2030の実現にICT教育は不可欠であるといえます。

(2) デジタル・リテラシーとデータ・リテラシー

　ここでは、デジタル・リテラシーとデータ・リテラシーに焦点を当て、
これらのリテラシーの意味と今日的な必要性について見ていきます。

① デジタル・リテラシー

　情報伝達手段の多様化により、デジタル化されたテキストやオンライ
ン・メディアの情報を活用して、必要な情報の選択、批判的な読み、解釈、
意味付けをしながらコミュニケーションをするためのデジタル・リテラシ
ーが不可欠になってきています。単にテキストを読み取るだけでなく、ハ
イパーリンクによる補助資料・動画コンテンツも含めた読み取りやそれら
の関連付けが求められています。こうしたデジタル・リテラシーは、伝統
的な読む・書く・話すリテラシーと同じ基本的能力に依存していますが、
デジタル・リテラシーはデジタルな文脈で適用され、新しいデジタルツー
ルや能力を引き出すと、OECDのコンセプトノート（OECD, 2019a）に示
されています。

　また、昨今はZoomなどのオンライン会議システムに象徴されるように、
時間や空間を超えてコミュニケーションをしたりクラウドにアップロー
ドされた情報を共有したりしながら、協働的に活動することが可能となり
ました。このような協働のためのデジタル機器・機能を活用するデジタル・
リテラシーは、これからの時代を生きる子供にとって必須となっています。
したがって、OECD Education 2030の目指すデジタル・リテラシーとして、

児童生徒がデジタル化された情報を適切に活用するとともに、デジタル機器・機能を活用し協働する能力の育成に努めなければなりません。

② データ・リテラシー

　情報のデジタル化やIoT（Internet of Things）の普及に伴い、様々なデータを収集したり共有したりすることが容易になり、データが爆発的に増加することによるビッグデータの時代となっています。コンピュータはこのようなビッグデータを処理することに優れており、的確に活用することで有益な情報をいかに迅速に生成するかが社会の変化に大きな影響をもつようになりました。不安定さ、不確実さ、複雑さ、曖昧さが急速に進展する世界において、ビッグデータから得られた結果に基づいて未来予測をすることは重要です。また、異なる分野のビッグデータのキュレーション（収集した情報を分類し、つなぎ合わせて新しい価値をもたせて共有すること）により、今までになかった新しい価値が生み出されています。

　このような社会では、データから意味のある情報を導き出すデータ・リテラシーが求められます。OECDのコンセプトノート（OECD, 2019a）に示されているように、データ・リテラシーには、データを読解・活用・分析・議論することにより、正しい結論を導き、データの不適切性を認識することが含まれています。更には、データのキュレーション、データの引用、データの質の向上といったデータ管理に関連する活動も含まれます。Excelなどを活用して数値データを処理するリテラシーは、ニューメラシーやデジタル・リテラシーとも関連しており、その重要性は増しています。

　フェーズ1の終了後、近年のAIの進歩は目覚ましく、Chat GPTのような汎用性の高い生成AIも出現しています。Chat GPTは使用者との対話の中で様々な情報を生成していきます。このような生成AIは、ビジネスだけでなく教育を含む様々な分野で有効に活用される可能性があります。しかし、プロンプト（質問や条件として入力するテキスト）が少し変わるだけでAIの応答が異なるため、自分の意図した情報を得ることができるように、適切にAIと対話する能力が必要です。このような能力はAIの時代に求められる新しいデータ・リテラシーになると考えられます。また、AIが生成した情報を批判的に考察し、自らの考えを構成するような思考力・

判断力・表現力も求められるようになると考えられます。

(3) OECD Education 2030の今後の取り組み

　2015年から2018年のフェーズ1においては、「2030年に望まれる社会のビジョン」と「そのビジョンを実現する主体として求められる児童生徒像とコンピテンシー」が創造・協働されました。2019年から2022年までのフェーズ2では、フェーズ1で検討されたコンピテンシーの育成やカリキュラム改定と連動して改定される教授法・評価法や教員養成・教員研修などについて検討されており、その成果の公表が待たれるところです。

　フェーズ1の後の各国のカリキュラム改定において、デジタル・リテラシーやデータ・リテラシーの育成につながるICT教育は、重要なポイントの1つとなっています。児童生徒がICTを活用することはもちろん、教員がICTを活用した授業実践をすることにより、児童生徒の学習状況をリアルタイムに把握し、個別指導に生かせるようにもなってきています。このような指導と評価にICTを活用できる能力は、これからの教員に必須となるかもしれません。

　「情報」とはデータを加工・解釈・整理・構造化し、意味や有用性をもたせて表示したものです。そして、どんな形式の情報でも、メッセージを伝えるためにつくられ、コミュニケーションを通じて共有されると、OECDのコンセプトノート（OECD, 2019a）に示されている点は重要です。ICT教育においても、対話的な学びを通して、デジタル・リテラシーやデータ・リテラシーを習得・活用させる実践が求められているといえるでしょう。

〈坂井　武司〉

2　令和の日本型学校教育における ICT

⑴　日本型学校教育と社会の変遷

　明治期に基礎を置く日本の学校教育は、教科学習や知識習得にとどまらず、生活指導や課外活動、学校給食の提供などを通じて、児童生徒を全人格的に教育するという役割を果たしてきました。この全人格的教育は、児童生徒の「知・徳・体」を一体で育む日本型の学校教育として発展し、居住地域や経済状況にかかわらず全ての児童生徒が一定水準の教育を平等に享受できるシステムとして機能してきました。日本型学校教育は日本の児童生徒そして成人が高い教養を獲得できた要因であるとして、国際的にも高い評価を得ています。国民がもち得る高い教養と、勤勉さや意欲、学習習慣は、第二次世界大戦後の復興と 1950 年代から約 20 年間続いた高度経済成長に大いに寄与しました。1970 年代のオイルショックを経験しながらも 1995 年まで安定的に続いた経済成長が、日本型学校教育によって支えられてきたことも事実です。

　しかしながら、昭和の経済発展を支えてきた日本型学校教育も、平成期に入ると社会構造の変化とともに求められる資質・能力も変化し、複数の課題が浮き彫りになってきました。これまでの学習指導要領において「個性を生かす教育の充実」が謳われながらも、皆同じことを同じように実行し、正解にたどり着く効率性を過度に追い求めることで、多様な他者と協働しながら考える力の醸成は遅れました。更に時代が移り変わる間、少子高齢化による学校の統廃合、ひとり親や相対的貧困家庭の増加、地域社会のグローバル化など学校教育を取り巻く環境は急速に変化しました。変化に伴って複雑化した課題の解決を教員が担うことで、学校現場の業務量が増え、教員が疲弊していることも日本型学校教育の課題となっています。

⑵　Society 5.0 と令和の日本型学校教育

　世界に目を転じると、平成期には情報通信技術やデジタル化が加速度的に進展し、それらの革新が産業界を牽引するようになりました。この世界的な潮流の中で、内閣府によって提唱された「Society 5.0」は、近未来において現実空間と仮想空間が融合することで、社会の持続可能性と人間の

ウェルビーイングが実現する「超スマート社会」を指す概念です。Society 5.0時代を見据え、学校においても、ツールとしてのICTを基盤としつつ教育を発展させることが、2020年代に目指すべき方向として位置付いています。

　新たな学校教育では、Society 5.0に向かう急激な変化や困難を乗り越えて、持続可能な社会の創り手になるための資質を児童生徒が獲得することを長期的な目標としています。そのために、これまで培われてきた日本型学校教育の優れた点は継承しつつ、新しい時代に実現すべき教育内容が主に2つの観点から示されています。1つは「個別最適な学び」、もう1つは「協働的な学び」です。過度な正解主義から脱却し、ICTを活用しながら、個々の興味や習熟を踏まえた学習指導が行われ、かつ児童生徒が学校や社会で多様な他者と関わり合い、協働することで、主体的・対話的で深い学びを実現しようとしています。同時にICTの有効活用によって学校業務を効率化し、教員の負担を軽減しつつ指導能力の向上を図ることも目指しています。ICT環境を整備して多角的に学校教育を改善し、未来社会を目指すこの取り組みは「令和の日本型学校教育」と名付けられています。

(3)　ICT環境の整備と活用に向けて

　令和の日本型学校教育を実現していく上で、ICTは必要不可欠なツールです。ここでは、令和の日本型学校教育においてICTと結び付きの深い施策と課題を概観し、展望していきましょう。

①　GIGAスクール構想

　学校教育でのICTの基盤を整えるために、2019年より高速大容量の通信ネットワーク環境の整備と、児童生徒1人1台の情報端末の確保が実施されました。文部科学省による全国的なこの施策は「GIGAスクール構想」の一環として位置付けられています。GIGAは「Global and Innovation Gateway for All」の頭文字をつなげたもので、ハードウェア面での基盤整備のほか、デジタル教科書やAIの活用を含むソフトウェア面の整備、教職員のサポートやICT人材の確保もその目的としています。基盤整備は当初、全国の小・中・高等学校で5年間をかけて実現する予定でしたが、

新型コロナウイルス感染症の拡大による遠隔・オンライン教育の必要性から大幅に前倒しされ、2021年度にはほぼ全ての小・中学校で実現しました。

GIGAスクール構想と並行して、2019年には「学校教育の情報化の推進に関する法律」が公布・施行されました。この法律は、学校教育の情報化を推進し、全ての児童生徒が効果的に教育を受けるための環境整備を目的としています。情報通信技術の活用による学校業務の効率化と教育の質の向上が謳われ、個人情報の適正な取り扱いも基本理念に盛り込まれています。法整備やGIGAスクール構想によって、全国の学校でICTを利用できる基盤が一斉に整えられました。これは、居住地域や就学環境によらず、全ての児童生徒に一定の教育を保障しようとする日本型学校教育の優れた点が、令和の時代でも継承された成果であるといえるでしょう。

② 個別最適な学びとICT

令和の日本型学校教育では、過度に均質化された正解主義からの転換を図り、授業実践にICTを併用して、児童生徒の個別最適な学びを実現しようとしています。例えば、児童生徒の個々の学習活動や成果は電子的に蓄積され、学習履歴が可視化と分析を伴って本人や教員にフィードバックされます。教員はこれらの分析を活用しながら本人と共に学習プランを立てるなど、児童生徒が主体的に学ぶためのアドバイザーとしての役割を担うようになるでしょう。ICTを用いて個に応じた学びを実現することは、特別な支援が必要な児童生徒や一定の分野に秀でた能力をもつ児童生徒のサポートにも有効だと期待されています。

その一方、ICTの活用自体を目的化しないこと、機械的なドリル学習等に偏った活用にならないことも大切です。ICTはあくまでもツールであり、教員と児童生徒が共にICTを通じてデータや情報を有効活用し、コミュニケーションすることで、主体的かつ対話的で深い学びを実現していくことが求められています。

③ 協働的な学びとICT

個別最適な学びに加え、児童生徒が互いに教え合い、学校の内外で多様な他者と関わりをもつことで、協働的な学びの実現も目指しています。教室で意見を調整したり、協働して作品を完成させたりする授業実践におい

て、1人1台の情報端末を使えば、各自の考えや作品をネットワーク上で共有することが可能です。これにより、多数のアウトプットを一斉に閲覧したり、意見交換しながら修正したりでき、効率的な学び合いにつながります。インターネットを経由して遠隔会議システムを活用すれば、教室外の専門家や地域社会、海外の学校とリアルタイムに接続でき、学びの展開につながります。こうした活動を支援するサービスは一般にSaaS（Software as a Service）と呼ばれ、学校教育に限らず社会で広く利用されています。サーバで稼働するソフトウェアがインターネット経由で提供されるため、利用者のプラットフォームや環境に依存せずに作業を進められることが特徴です。通常、複数人で共同作業することが想定されており、協働学習に適したツールとして学校教育でも積極的に活用されています。

④　教育データの標準化

　令和の日本型学校教育で取り組むべき課題として、学習履歴をはじめとする教育データの標準化が掲げられています。サービスや媒体に依存しない汎用化された形で教育データを蓄積することにより、児童生徒が進学・転学した際にも学校を越えて利用でき、学びの継続性が担保されます。また、デジタル教科書や教材なども内容の規格が統一されることで、教材同士の連携が図れ、利便性が向上します。将来的には、学齢期の健康診断をPHR（Personal Health Record）と連携することで、生涯を通じた健康管理に役立てられる可能性もあります。個人情報保護に配慮しつつ、学習履歴がビッグデータとして活用されるようになると、社会全体の教育改善が図られるでしょう。そのためには、令和の日本型学校教育が構築される初期に、教育データの標準化を実現することが重要です。Society 5.0の未来を見据え、教育データの蓄積・分析・交換が可能となるように、文部科学省は「教育データ標準」を策定し、データ内容や技術的な規格を揃える取り組みが行われています。

〈甲村　美帆〉

3 教育ビッグデータの利活用

　ビッグデータとは、画像や動画、音声などを含む非定型なデータの集合体です。その特徴として、データの量が非常に多いことが挙げられ、一般的には100万ギガバイト（1ペタバイト）以上がビッグデータと見なされます。加えて、ビッグデータとして取り扱われるデータは種類も多様であり、文字や数値といった定型のデータを専門に管理する従来のデータベースでは扱うことが難しかったデータの集まりといえます。具体的な例をいくつか挙げると、インターネットでの検索履歴、スマートフォンやカーナビゲーションシステムのGPS機能によって取得した位置情報、SNSで発信した情報などがあります。情報通信環境が高度に発達し、パソコンやスマートフォンだけでなく、家電や自動車といったあらゆるものがインターネットに接続されるようになった今、ビッグデータは私たちが生活していく中で絶えず収集・蓄積されています。例えば、コンビニやスーパーで会員カードを提示して買い物した場合には購入した商品や購入者の年齢など、交通系ICカードを用いて電車やバスを利用した際は乗車・下車記録といった情報が収集されています。こういった情報が膨大に蓄積されたものがビッグデータと呼ばれます。

図1-3　ビッグデータの概念図

　ビッグデータは多くの場合、AI（Artificial Intelligence：人工知能）によって分析され、国の施策や企業による経済活動、また私たちの生活にも役立てられています。身近な例を挙げると、GPSの位置情報から渋滞の起こ

る区間を予測し迂回路を提示したり、過去の台風のデータから現在起こっている台風の今後の進路予測を行ったり、これまでの為替価格の変動記録を基に自動で短期間に大量の外国為替証拠金取り引きを行うソフトウェアなどがあります。

ビッグデータの活用は教育の分野においても例外ではありません。2016年、日本（内閣府）はSociety 5.0を目指すことを発表しました。Society 5.0とは「サイバー空間（仮想空間）とフィジカル空間（現実空間）を高度に融合させたシステムにより、経済発展と社会的課題の解決を両立する、人間中心の社会」と定義付けられており、狩猟社会（Society 1.0）、農耕社会（Society 2.0）、工業社会（Society 3.0）、情報社会（Society 4.0）に続くものとされています。Society 5.0で実現する社会は、IoT（Internet of Things）で全ての人とモノがつながり、様々な知識や情報が共有され、今までにない新たな価値を生み出すことで現存の課題や困難を克服するものであり、ビッグデータの収集と利用が主要な役割の1つを担います。このことを受けて、文部科学省も図1-4に見られるようにSociety 5.0における教育の在り方を示しました。

図1-4　Society 5.0における方向性（文部科学省，2018b，一部抜粋）

特に、ビッグデータについては「教育ビッグデータ」と表現し、その利活用の体制や配慮すべき事柄について列記しています。

このように、まず教育ビッグデータについては、教員間や学校間を超えて幅広く共有・利活用される体制を構築するものといえます。学校に関する様々な情報が共有されることで、学校経営が円滑に進んでいる学校や全

国学力・学習状況調査で上位の点数をあげている学校などとの比較分析が可能となり、これまでよりも、更にエビデンスに基づく学校改革が可能になると考えられます。

　次に、教育ビッグデータを用いることによる暗黙知の可視化ということが挙げられています。教員の授業スキルは経験によって培われる部分が多いとされ、新任教員とベテラン教員の指導方法の違いについては長く研究が続けられています。今後、教員の指導時間の配分や発話内容、視線の移動といった情報が教育ビッグデータとして収集・蓄積されることで、「授業スキル」が可視化され、新任教員にとってはスキルの獲得の迅速化かつ円滑化、ベテラン教員にとっても自らの授業方法の省察（リフレクション）への活用といったことが期待されます。

　更に、GIGAスクール構想の推進によって、児童生徒はタブレット端末を用いて学習を行う機会が増えています。タブレット端末を用いることで教員側は一人一人の学習状況を詳細に把握することができ、能力や適性に合わせた学習内容（アダプティブ・ラーニング）を提供できます。更には、教育ビッグデータとして多くの児童生徒の学習記録を収集・蓄積することで、単元ごとの学習時間やつまずきやすいポイントをマクロな視点から捉えることができ、授業方法の改善に役立てることも期待できます。

　教育ビッグデータの利活用は、教育における新しいテクノロジ（EdTech）の1つとされ、EdTechは今後ますます進化・多様化することが予想されます。現在、教員は「ICTを用いた教育を推進する」という局面から「教育におけるデジタル・トランスフォーメーション（教育DX）を実現する」という局面に直面しているといえるでしょう。

〈前田　裕介〉

第 2 章

校務のデジタル化と統合型管理

この章では、ICTの導入による校務DXの現状と校務支援システムの例、校務のデジタル化の事例について説明します。

第1節　校務のデジタル化

1　校務DXと教員の情報リテラシーの刷新

⑴　校務DXの定義

校務DX（デジタルトランスフォーメーション）とは、校務におけるDXを指しますが、そもそも「DX」とは何を意味するのでしょうか。これまで行ってきた業務にICTを取り入れて、利便性や効率性を高めることは、単に「情報化」「デジタル化」と呼んでいます。DXとは、利便性や効率性を高めるだけにとどまらず、ICTの活用によって業務の在り方を変えたり、新たな価値を生み出したりすることを含みます。つまり校務DXとは、「ICTを校務に取り入れることで、既存のシステムや校務の在り方を大きく変えたり、校務において新たな価値を生み出したりすること」といえます。

⑵　校務DX推進の背景と経緯

昨今、教員の長時間勤務が社会問題となり、学校における働き方改革の必要性が叫ばれています。文部科学省（2023a）によれば、校務情報化の課題として、校務処理の多くが職員室に限定され、働き方に選択肢がないことや紙ベースの業務が主流となっていることが挙げられます。こうした点からも、教員がワークライフバランスを保ちながら子供と向き合う時間を確保するために校務DXが必要でしょう。

また、GIGAスクール構想により、児童生徒の1人1台端末と高速大容量の通信ネットワークの一体的な整備が進められたことや保護者のスマー

トフォン所持率が90％を超えたことなど、学校を取り巻くICT環境が大きく改善しつつあることも校務DXを推進する大きな力になるでしょう。

⑶ 校務DXの事例

① 指導要録におけるDX

学校では、児童生徒一人一人について、学籍に関する記録と指導に関する記録（指導要録）を作成し、卒業後も20年間または5年間保存することが法律で定められています。これまでは厚手の紙に要録の様式を印刷し、毎年担任が引き継いで、書き足しながら作成していました。そのため、書き間違えても簡単に直すことができず、鉛筆で下書きをしてからペンで清書するなど、相当な労力をかけて作成していました。

近年は、校務支援システム等を導入し、指導要録を電子化している自治体が増えています。電子化によって引き継ぎや作成が容易になっただけではなく、システムによっては、小・中学校間をまたいで閲覧できるようになったり、内容を検索したりできるようになりました。これにより、従来は労力をかけて作成しても、なかなか活用の機会がなかった指導要録が、小中一貫教育の充実や児童生徒理解の促進に活用されるようになってきています。

② 教職員の会議・打ち合わせにおけるDX

従来の学校では、毎朝職員室に集合して打ち合わせを行ったり、日報を紙に印刷して全教職員に配ったりして、情報共有を図っています。これも、校務支援システム、グループウェア、オンライン学習システムなどを活用することができます。例えば、各教員の端末から、行事計画や出張の状況、各分掌からの情報などを随時確認したり、教職員間の連絡が電子上で行えたりします。また、それらの情報を職員室の大型モニターに表示して共有することもできます。これにより、対面での打ち合わせが週に1回程度になっている学校も見られます。そのような学校では、打ち合わせが少なくなった分、教員は、児童生徒と過ごす時間を長くしたり、事務に当てる時間を増やしたりすることができています。

校内外の会議や研修もDXが進められています。従来は、資料を全て印刷して配布していましたが、資料ができ上がり次第、電子文書で共有する

ことができるようになりました。従来の会議や研修では、資料の内容を確認することに時間を要しましたが、DXが進めば事前に資料に目を通してから参加することが基本となり、会議や研修が「確認・伝達の場」から「協議の場」へと質的に変化します。校外の会議や研修ではWeb会議を用いることも一般的になりつつあります。移動・参集に伴う時間がなくなることで、授業を自習にすることも少なくなります。

③　家庭との連絡におけるDX

　一般的に家庭との連絡の手段は、電話、手紙、連絡帳などが挙げられます。そのため、朝8時を過ぎると、欠席や遅刻などの連絡で職員室の電話が鳴りやまないという学校もあります。これに対し、近年では、Webアンケートやクラウドの機能を活用して欠席や遅刻などの連絡を行っている学校があります。これにより、朝の慌ただしい時間に、電話対応に人手を取られることなく、児童生徒と向き合うことに時間をかけられます。また、電子上の記録に残ることで連絡の行き違いも減り、児童生徒の所在や状況をより確実に確認できるようになります。

　保護者連絡システムやメール一斉配信システムを導入している自治体や学校もあります。こうした学校では、連絡帳の代わりにシステム上で保護者とやり取りをしたり、お知らせや手紙を電子上で配布したりしています。毎日たくさんの手紙を配ることは、特に小学校低学年の児童には負担であり、配っても保護者の手元に届かない場合もあります。それが、各種システムを導入することで、手間なく確実に保護者へ情報を伝えられるようになるため、必要な情報をこまめに連絡する、というように学校の情報発信の在り方が変わってきています。

④　アンケート・調査におけるDX

　学校は、行政機関等から様々なアンケートや調査を依頼されることが多くあります。以前は、学校で単純集計をして報告を求められることがあり、教職員の負担になっていました。これも近年では電子化されてきています。アンケートは電子回答のものが増え、学校で集計する必要が減りました。児童生徒対象の調査では、1人1台端末で児童生徒が直接回答するものも増えています。電子回答システムは、多くの場合、自動で集計・グラフ化

されるため、集計よりも結果の分析に力を入れられるようになりました。また、学校が保護者に対して、様々な希望調査等を行う場合も、Webアンケートを活用することで、回答を集めたり集計したりする必要がなくなってきています。

⑷　教員の情報リテラシーの刷新

情報リテラシーとは、「情報手段を適切に用いて情報を得る、情報を整理・比較する、得られた情報をわかりやすく発信・伝達する等の力」のことです。校務DXが進んだり、1人1台端末が整備されたりすることで、業務上でも指導上でも教員がICTを使う機会は、格段に増えています。こうした状況から、教員が児童生徒へ情報リテラシー教育を行う必要性や、教員自身の情報リテラシーを刷新する必要性が生じています。

例えば、近年、Chat GPTなどの生成AIが台頭してきています。文部科学省のガイドラインにも記されているとおり、生成AIは強力なツールである反面、情報の正しさを見極める力が利用者には求められます。こうした力を児童生徒に育むためには、教員自身が正しい情報を見極めるリテラシーを身に付ける必要があります。また、教員・児童生徒が情報リテラシーを身に付けるには、セキュリティや著作権などの情報モラルについても正しく理解し、行動できることも必要です。

GIGAスクール構想の進展や、急速な校務DXにより、教員が身に付けるべき情報リテラシーは多種多様になっています。一方で、教員が情報リテラシーを身に付けたり、刷新したりするための公的な研修は、十分に行われているとは言いがたく、各校が工夫しながら校内研修を行っているのが現状であり、今後の課題であるといえます。

〈春日　和久〉

2 StuDX Style による情報共有

(1) 定義と特徴

「StuDX Style」とは、文部科学省の GIGA StuDX 推進チームが提供する ICT 教育の事例を掲載した Web サイトです。このサイトには、全国の学校における ICT を活用する事例が豊富に掲載されています。StuDX という用語は、「Study（学習）」に、GIGA スクール構想による学びのデジタル変革(DX)と、学校における ICT 活用促進のための情報交換(Exchange)という二重の意味を加えた造語です。この名称のとおり、StuDX Style は、ICT 活用の事例紹介だけでなく、都道府県を越え、教員や教育委員会が有益な情報交換を行うプラットフォームとなり得る存在です。

StuDX Style には大きく4点の情報が掲載されています。

1つ目は、「GIGA に慣れる」ための情報です（図2-1の①）。学校の環境整備や、ICT を活用する上でのルールづくりなど、初期段階にヒントとなる事例が紹介されています。

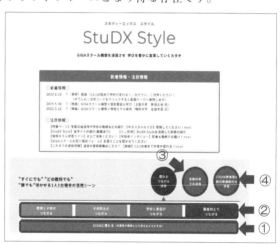

図2-1　StuDX Style の Web サイト

2つ目は、教員や児童、保護者が「つながる」ために活用された事例やその情報です（図2-1の②）。ここでは、「教師と子供」「子供同士」「学校と家庭」「職員同士」の4分類で整理されています。

3つ目は、「各教科等での活用」事例です（図2-1の③）。特別支援教育や外国人児童生徒等への教育を含め、校種や教科ごとに整理されています。

そして4つ目は、「STEAM 教育等の教科等横断的な学習」に関する情

報です（図2-1の④）。このサイトでは、STEAM教育（詳しくは第6章を参照）の事例について知ることができます。

(2) StuDX Styleを活用するメリット

StuDX Styleによって情報を得ることのメリットとして、次の4点が挙げられます。

第1に、使用するOS、ソフトが明記されていることです。授業研究会で他校の実践を生かそうとしても、OSやソフトの違いにより、取り入れられないことがあります。しかし、

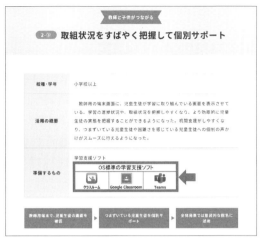

図2-2 「教師と子供がつながる」事例

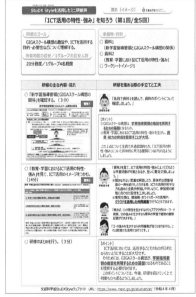

図2-3 教員研修用のワークシート・資料

ここで記載されているOS、ソフトなどを確認することで、自校のICT環境との適合を把握することができます。

第2に、教員研修用情報があることです。図2-3のようにワークシートや資料、更には学習指導案と同様の形式で研修計画も掲載されているため、校内研修を通して、GIGAスクール構想を充実させるために必要なスキルを高めていくことができるでしょう。

第3に、各事例には有識者からのコメントが付記されていることです。図2-4のように、ここでは改善案や留意点も記載されています。これにより、事例を報告するだけではなく、有識者によって、自校に取り入れる際に、より効果がある実践へと改善することが期待できます。

> **○ アドバイザーからのコメント**
>
> 保護者もスマートフォン等の情報端末から、都合の良い時間に回答できるので便利です。ただ、しばらくしても回答のない方には再度連絡することや、紙媒体でも配布して、回答を促すことも運用初期には必要であると考えます。

図2-4　事例に対する有識者からのコメント

第4に、学校現場（教員・教育委員会）と文部科学省（GIGA StuDX推進チーム）の双方からアプローチし合えることです。教員や教育委員会からは、「GIGAスクールお困り相談フォーム」（図2-5）を通して、学校現場で課

> **GIGAスクールお困り相談フォーム**
>
> **お困りごとを聞かせてください！**
>
> GIGAスクール構想を推進する上で、各教育委員会や各学校におかれましては、様々なお悩み等があるかもしれません。
>
> それを、ぜひ教えてください。
>
> 文部科学省GIGAStuDX推進チームでは、いただいた相談内容をもとに研修会実施による支援を中心に対応いたします。
> また、相談内容に応じて、省内の他部署とも情報を共有し、GIGAスクール関連の各教育委員会（学校）でのお困りごとの解決に向け、サポートいたします。
>
> ○【StuDX Style】GIGAスクールお困り相談フォーム
> ▼URL：https://forms.office.com/r/XYm6iAZdSc

図2-5　GIGAスクールお困り相談フォーム

題となっていることを伝えることができます。これは、Microsoft Formsが用いられていますので、個別の相談に対する返事が得られる仕組みではありませんが、GIGA StuDX推進チームが学校現場でのニーズを把握し、洗練された情報を発信していくことに役立ちます。

StuDX Style推進チームからのアプローチとして、メール配信による情報発信があります。最新の情報が1か月に2回のペースで配信され、このメールが契機となり、StuDX StyleのWebサイトの閲覧を促すこ

図2-6　GIGA StuDX メールマガジン広報

とが期待できます。掲載事例は、随時更新されるので、定期的に確認することでより多くの事例を知ることができます。

(3) 今後の展望

StuDX Styleという全教員にとって共通のプラットフォームが設立されたことで、自治体、校種、公立・私立などの垣根を越えて交流できるようになったといえます。これによって、より優れた実践が共有され、教員のスキルアップに結び付いていくでしょう。しかし、手軽に実践の情報を得られるがゆえに、ICTを活用した実践への熱意やアイデア、授業を参観する視点などが軽薄になることが懸念されます。例えば、現地へ赴かなくても授業を動画形式で閲覧することもできますが、動画である以上、撮影者の視点での授業であることを忘れてはなりません。教室で自分自身が視点をもって授業を参観し、事後研究会に参加することで、動画では気付かなかった児童の表情、他教員との視点の違いなどに気付くこともできます。

どんなにコンテンツが充実しても、無意図に実践を「真似」をするだけでは教育効果は高まりません。教員による不断の努力を前提とし、改善へのヒントを得る場として活用していくことで有効なものとなるでしょう。

〈谷　竜太〉

3 デジタルワークスペースによるデータ共有

　デジタルワークスペースとは、オンライン上で仕事ができる環境を指します。これはコロナ禍を背景に、学校に限らず、多くの業種におけるリモートワークの増加とともに普及してきました。一言で「デジタルワークスペース」と言っても、その機能や役割によって様々な種類が存在します。具体的なデジタルワークスペースの例として、「Trello」「Google Workspace」「Slack」などが挙げられます。

(1) データ共有のメリット

　デジタルワークスペースを使用するメリットは、主に次の3点です。

　第1に、各教員の予定に応じた会議が可能であることです。チャット（Googleチャット、Educhatなど）やビデオ通話（Zoom、Microsoft Teamsなど）を使うことで対面式の会議を行う必要がなくなります。教員は授業だけでなく突発的なトラブル、保護者対応など、様々な事象に対処する必要があるため、事前に設定されていない会議のために参集することは容易ではありません。しかし、チャットを使えば、各々のスケジュールを尊重しつつ、隙間時間で相談することが可能となります。また、リアルタイムでチャットを見られなかった場合でも、見返すことができるため、対面会議と比べて、より全体的に情報を共有しやすくなるといえます。

　第2に、データを共有できることです。ワークスペースに参加する全員に、オンライン上で資料を共有することができます。これにより、ペーパーレス化を図り、印刷に

図2-7　デジタルワークスペース（Microsoft Teams）上での検索

関わる経費削減、紙の資料を保管する場所の削減が可能となります。またワークスペース内では、キーワードや日付でデータを検索することができるため、必要な資料を探す手間を省くことにつながります（図2-7）。チャット機能を使えば、校務分掌など、特定の教職員にデータを共有すること

もできます。

第3に、タスクの進捗や変更を把握できることです。プロジェクト管理の機能を活用すれば、各教員が担う業務の進捗状況を知ることができます。また、共有されたデータを確認することで、その内容も把握することができ、完成したデータのみならず、プロセスを確認し合うことでミスを防いだり、アドバイスし合ったりすることができます。

(2) 教職員と児童生徒でのデータ共有

「ワークスペース（仕事空間）」という名称ですが、GIGAスクール構想などを通じて、児童生徒もオンライン上で情報を共有し合うようになっています。教員と児童生徒で「デジタルワークスペース」を活用する場合のメリットは、主に次の3点です。

図2-8　ビデオ通話による児童への指導

第1に、欠席した児童生徒に対する学習のフォローが容易になることです。以前は、児童生徒が欠席した際、多くの場合は、登校を再開してから休み時間や放課後に欠席期間の学習をサポートしていました。しかし、ビデオ通話を使うことで、欠席した児童生徒に授業の様子をリアルタイムで配信したり、チャットを使って連絡したりすることができます。今後も、学級閉鎖など、長期にわたる休業期間に児童生徒への支援を行うツールとなるはずです（図2-8）。

第2に、授業資料を配信できることです。例えば、教員が作成したテンプレートを共有し、それに児童生徒が書き込んだり、班ごとに共同編集をしたりすることができます（図2-9）。

予算の関係でカラー印刷で

図2-9　授業ワークシート例

きない資料であっても、データで共有することで、カラーの状態で確認することができます。ワークシートなどを共有することで、児童生徒が焦点化した部分を拡大することもできます。これを生かせば、児童生徒が焦点化した部分を教員が把握することにもつながり、授業改善へのヒントとすることもできます。単なるデータの共有ではなく、指導への示唆を得るという姿勢で、デジタルワークスペースを活用していくことが有効です。

データを共有する際、児童生徒が誤って削除・上書きしてしまうことが懸念されるでしょう。しかし、デジタルワークスペース上でデータを共有していれば、復元することが可能です（詳細は実践編で記述します）。また、教員のみがデータ編集の権限をもつという機能も存在します。例えば、Microsoft Teams では「アクセス許可」の設定を変更することで、児童生徒が共有データを編集できないようにすることも可能です。データを共有するばかりではなく、その扱いにも十分注意する必要があります。

第3に、児童生徒の学習状況や傾向を把握できることです。例えば、Microsoft Teams では、課題の提出状況を把握するだけではなく、児童生徒が共有データにアクセスした時刻、頻繁に参照する資料などの傾向を把握できます（図 2-10）。

すなわち、児童生徒とデジタルワークスペース上でデータを共有するこ

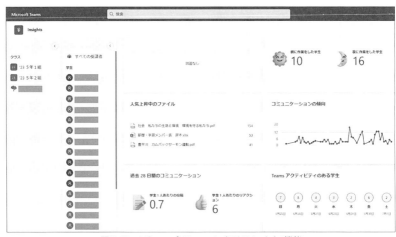

図2-10　Microsoft Teams における Insight 機能

とで、更に得られるデータがあるということです。これを生かすことで、児童生徒のニーズや学習スタイルを把握し、授業や家庭学習の指導に役立てることができます。

(3) 教員と保護者でのデータ共有

　保護者とデータを共有し、共同編集をする機会は頻繁にはありません。しかし、情報を共有することは重要です。そのため、アカウント作成が必要なサービスを活用するよりも、複数の機能を組み合わせ、ログインなどの手間を省くことが有効です。なぜなら、教員が共有したい情報へのアクセスが容易であることが保護者への周知に直結するからです。例えば、修学旅行に関わる情報を保護者に伝達したい場合、対面での説明会を開催しても、勤務などの都合により参加できない保護者がいます。そこで、教員からの説明部分は動画収録してYouTubeなどで配信し、質問や要望はMicrosoft Formsなどの方法で収集することも有効です。事前に引率教員を「共同作業者」として設定しておけば、保護者がFormsに回答すると、その回答は引率教員全員が閲覧することができます（図2-11）。そのため、職場で使用しているデジタルワークスペース以外のサービスを使用することであっても、結果的に業務を削減することもあります。

図2-11　Microsoft Forms での共同作業者の指定

　デジタルワークスペースの普及により、教員と児童生徒と保護者とのデータや情報の共有が容易になりました。教員がそれぞれのニーズを意識して様々な機能を活用することで、教育効果を高めることが期待できます。

〈谷　竜太〉

1 Apple Classroom の導入実践

　1人1台端末の導入から、授業内外でICTを活用することが当然になってきています。しかし同時に、ICTスキルの差が大きいことや、児童生徒が端末を教員の意図していない使い方をすることなど様々な問題が生じています。これらを防ぐための方策の1つがApple Classroomの導入です。

⑴　Apple Classroom 導入の概要

　授業実践は私立小学校第2学年児童35名を対象に行いました。授業実践校の児童は日頃からタブレット端末としてiPadを使用しています。しかし、ICT活用に関する校内の検討委員会に寄せられた意見から、以下2つの課題が挙げられました。

表2-1　検討委員会に寄せられたICT活用に関する課題

児童がiPadで遊んでしまうことにより、周囲の児童にも影響が及び、授業の雰囲気が乱れてしまう。	児童の活動の把握が難しいため、教員が注意のタイミングを逸してしまう可能性がある。

　これらに対応する上で、授業実践校の全児童のiPadにApple Classroomを導入しました。Apple Classroomとは、教員がiPadを使用して児童生徒のiPadを管理するためのApple社のアプリケーションです。主な機能として、児童生徒が表示している画面をリアルタイムで把握することができます。またリモートで児童生徒のiPadを制御し、資料配信や特定のURLに誘導することも可能です。本項ではその具体的な授業における使い方を紹介します。

①　iPadの画面の把握

　アプリケーションを開くと、一覧で児童のiPadの画面が教員のiPadに表示されます。この機能によって授業とは関係のない操作をする児童を即

座に把握することができます。iPadを利用して授業を行う際に、画面を把握し、より適切な指導につなげることが可能です（図2-12の左）。

② iPadの画面の制御

Apple Classroomは児童のiPadの画面をロックすることができます。この機能によって、教員が説明したいときや児童同士が対話に集中してほしいときに画面をロックし、より適切な指導が可能です（図2-12の右）。

図2-12　iPadの画面の把握画面（左）と画面の制御画面（右）

③ 特定のURLやアプリケーションへの誘導

Apple Classroomを使って児童のiPadを特定のURLやアプリケーションへ誘導し、そこでの活動に限定することができます。この機能によって、検索してWebサイトを開く行為を省き、スムーズに学習に入ることができます。更に、そこでの活動に限定することで、児童が集中して学習に取り組むことが可能です。

⑵　Apple Classroom導入による成果と課題

授業中にApple Classroomを使用することで、児童がiPadを使用する授業の学習状態の把握が可能となり、一斉授業の枠組みの中での適切な指導が可能となりました。これによって表2-1で示した課題が解決されています。更に副次的な効果として、学校全体のデジタル化を推進することができました。現在タブレット端末を扱うことに対して、表2-1のような不安を抱く教員も、Apple Classroomの導入によって積極的な活用を目指すことが増えていくのではないでしょうか。一方でこのアプリケーションの使用は、教員による制限を意味します。そのため児童生徒が自ら選択し、主体的に学びを深めたり広げたりしにくくなる可能性があります。そ

のため、授業内容や目的によって教員が機能やコンテンツの幅を見極め、調整する必要があるでしょう。

図2-13　児童がiPadを使って授業に取り組む様子

　今回の実践では、普段からタブレット端末に親しんでいることから非常にスムーズな導入に至りましたが、必ずしもそういった現場ばかりではないでしょう。そのため導入の際には、ICT支援員や情報教育を推進している部会などに協力を仰ぐ必要があります。また本実践は小学校で行いましたが、Appleの端末を使用している限りはどの学校種でも活用が可能であると考えられます。教員が児童生徒の学習状況を把握しないまま授業を運営することは、児童にとって理想の学習環境とは言いづらいでしょう。そこで目的をもって授業の運営を行う際には、学習環境の制限を行うということも支援の形であると思います。

　日本の一斉授業では児童生徒が教員の下、一様に同じような活動を行います。その中で教員は主体的・対話的で深い学びを実現しようと努力しています。その授業運営を支援する1つの道具として、Apple Classroomを導入することがよいのではないでしょうか。

〈赤羽　泰〉

2 Google Classroomによる情報管理の実践

　LMSとは、Learning Management Systemの略語で、日本語では学習管理システムなどと呼ばれています。LMSはその名のとおり、学習のためのeラーニングソフトウェアやサービスを提供するための大元の役割を担っています。大学ではLMSを独自に運用しているところが多く、代表例としてはオープンソース・ソフトウェアであるMoodleやmanaba、WebClassなどが挙げられます。これらのソフトウェアには共通して、大学から学生に対してメッセージを送る機能や、授業ごとに教師から資料を配布する機能、課題の提出や評価をするための機能などが搭載されています。また、学生が履修登録を行ったり授業のシラバスを確認できたりと、学生生活を送る上で必要な情報を、LMSで一元的に管理しています。

　2020年度から始まったGIGAスクール構想に伴い、現在では小・中学校でもLMSの導入が始まっています。代表的なソフトウェアとしては、Google社が提供するGoogle Classroomが挙げられます。ここでは、小学校及び中学校でのLMSを用いた実践を紹介します。

⑴　授業での活用

　神奈川県のA中学校は日常的にGoogle Classroomを利用しています。中学校第3学年の美術の授業では、教員が生徒に描いてほしい絵の題材となるいくつかの写真をGoogle Classroomのストリームに投稿し、生徒はその中から自分が気になったものを1つ選択して模写していました。また、中学校第2学年の数学の授業では、教科書には掲載されていない教員がつくった少し難易度が高めのプリントをPDFファイルの形式でストリームに投稿し、生徒たちは自分の端末にダウンロードして、タブレット上でスタイラスペンを使って解いていました。このように、小・中学校では、LMSを活用することで教材配布が即座にできて活動に入れていました。

　千葉県のB小学校の第6学年では、総合的な学習の時間でプログラミングを使った作品づくりに取り組んでいました。授業ごとに制作した作品のスクリーンキャプチャがストリームに投稿されるため、他の児童がつくった作品をいつでも鑑賞することができます。また、ストリームに投稿され

た内容にはコメントを付けることができるので、感想やアドバイスを互いに送り合っていました。このように、LMSを児童同士の交流の場として活用することで、ストリームに残り続けている他の児童の作品を後から見返すことができ、作品の幅も広くなったようです。

こうした活用の一方で、LMSは学校の内部だけに閉じられているため、外部講師が授業に参画しづらいという課題も見られました。外部講師用のアカウントが存在しない場合、LMSで児童生徒へ即座に教材を配布することはできません。多くの場合、アカウントは学校裁量ではなく教育委員会が一括管理しています。そのため、臨時発行も可能ではありますが、登録準備に時間を要する現状があるようです。

⑵ 授業場面以外での活用

B小学校では、ICT端末の持ち帰りを全学年で実施し、教員が連絡帳の内容をGoogle Classroomのストリームに投稿することで、紙の連絡帳を使わなくなっています。これにより、児童が誤って写したり書き漏らしたりして、次の日の授業に支障が出ることを減らすことができていました。また、そこではGoogle Classroomに投稿された連絡事項を家庭で確認することを習慣付けることで、端末を開いて充電をしてくることも同時に習慣付けようとしていました。そのため、連絡事項を家庭で確認し、次の日の準備ができたらコメント欄にその旨を報告するような指導もされていました。毎回全ての項目を書けているか、教員が時間を取って全員分の連絡帳を確認することで、提示されたものをしっかりと書き写すという指導も大切でしょう。しかし、連絡帳の機能として本質的に重要なことは、次の日の準備がしっかりとできることでしょう。

この学校では児童会や委員会ごとにGoogle Classroomのクラスをつくるという実践もしていました。教員は授業時間以外でやり取りをするように指導し、また児童同士でも次の会議の日程や作業連絡をやり取りしていました。これにより、児童が主体的に活動できるという成果がありました。また、対面での同期的（時間と場所を合わせて行うもの）なコミュニケーションに比べて学年間の交流が活発になるという成果も見られました。おそらく、対面では下級生が上級生に対して意見を述べにくいことも、このよ

うなツールを利用した非同期的なコミュニケーションにすることによって、意見が述べやすくなったのではないでしょうか。

(3) 非同期的なコミュニケーション

これまでの小・中学校で行われていたコミュニケーションは同期的でしたが、ICT端末やLMSを導入することで、教員と児童生徒、児童生徒同士が非同期的なコミュニケーションを取れるようになりました。非同期的なコミュニケーションのよさは、時間や空間の制限を受けずに情報にアクセスできる点にあります。B小学校の第6学年の事例や、連絡帳のデジタル化の事例は、まさにこの非同期コミュニケーションのよさを生かした実践といえるでしょう。LMSによってこのような新しい協働学習ができるようになります。コンピュータを用いた協働学習は、図2-14のようにいくつかのパターンに分けることができます。目指すべきはモデル③の、児童生徒もコンピュータもそれぞれがつながっている状態でしょう。コンピュータを活用した学習では、児童生徒がコンピュータと閉鎖的な関係を結んでしまい、そこから抜け出すことが難しく、孤立した状態を生み出しかねません。LMSなどのツールをうまく使いながら、児童生徒同士がつながり、学び合える授業を構想していく必要があるといえるでしょう。

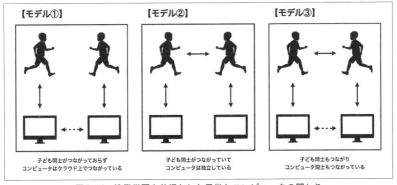

図2-14 協働学習を前提とした子供とコンピュータの関わり

〈宮島 衣瑛〉

3 クラウドストレージによる一元管理の実践

クラウドストレージとは、文書や画像などのファイルをインターネット上に保存するサービスの総称です。代表的なものとして、「Google ドライブ」、「OneDrive」、「Dropbox」などがあります。

本節では、教職員間のデータ管理、児童生徒から提出されたデータの管理という 2 点の実践について述べます。

(1) 教職員間におけるデータの一元管理

教職員でデータを管理するために「OneDrive」を使う場合があります。これで一元管理することにより、いかなる場所からもアクセスできるというメリットは当然ありますが、ここでは次の 3 点を挙げます。

第 1 に、検索機能を有効に活用できることです。複数の媒体を用いて共有している場合、ファイルの保管場所を把握していない限り、データを探し回ることになります。しかし、OneDrive などのサービスを活用して、一括でデータを管理していれば、図 2-15 のように

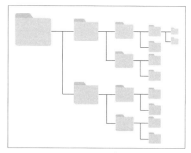

図2-15　フォルダの構造例

複雑な構造のフォルダに保存されているデータであっても、検索機能を使って必要なデータを容易に見付けることができます。また、保管フォルダの URL を共有することで、即座にデータの保管場所を知ることができます。

第 2 に教職員で同時に共同編集ができることです。データを共有していても、クラウドストレージサービスではない場合、同時に編集しようとすると「読み取り専用」となり、編集できない場合があります。その場合、他の教職員の編集を待って作業することとなりますが、共同編集機能を使うと解消することができます。

第 3 に、履歴・復元機能によってデータを保持できることです。データを共有していれば、上書きしてしまったり、誤って削除してしまったりす

ることがあります。削除してしまった場合は、「ごみ箱」からデータを復元することができます。上書きしてしまった場合、「バージョン履歴」を確認し、「以前のバージョン」に戻すことができます。これにより、データを失うリスクが低くなります。

⑵　児童生徒から提出されたデータの管理

　児童生徒とデータを共有する場合、OneDriveを使うこともできますが、児童生徒と共同編集するデータでないのであれば、先述の削除・上書きのリスクを軽減するため、Dropboxのファイルリクエスト機能を使うと便利です。

　教員が「ファイルリクエスト」を開始します（図2-16）。児童生徒は、そのURLにアクセスし、写真を撮影すると、撮影された写真は、教員のフォルダに自動的に同期されます（図2-17）。この機能を使うメリットは次の2点です。

　第1に、提出する側は、ログインの必要がないため、汎用性が高

図2-16　ファイルリクエスト（児童側の画面）

図2-17　Dropboxに提出された写真（教員側の画面）

いことです。そのため、低学年の児童でも撮影するだけで提出できます。また、保護者への十分な説明及び、教員と保護者の協力関係が大前提とはなりますが、保護者のスマートフォンやタブレットなどでも提出できます。この提出のしやすさが、児童生徒の様子を知る機会を生み出します。筆者が実践した際には、音楽科の楽器練習をする動画や家庭科の調理をする写真などが提出されました（図2-18）。これを活用する中で、児童が学習する様子や成果物を保護者が撮影する機会をつくることにつながり、家族のコミュニケーションも増えたという感想も寄せられました。

図2-18　提出された動画

　第2に、提出された状態のデータが手元に残ることです。紙のドリルを使用すると、児童生徒に返却するため手元には残りませんが、この機能を使うことで教員はデータを見返すことができるため、児童生徒の変容を確かめることができます。また、教員側のフォルダに同期されるだけなので、エクスポートをする必要もありません。

　いずれのツールを用いるとしても、教員自身がクラウドストレージサービスに備えられている機能を理解し、それを校務に置き換えるアイデアと努力があってこそ、校務のデジタル化は促進されていくでしょう。

〈谷　竜太〉

4　校務の自動化に向けた実践

本実践を行っている国立大学附属高等学校では、コロナ禍に学校全体でオンライン授業に取り組んだ経験により、Google フォームやGoogle スプレッドシートなど、Google Workspace for Educationが提供するアプリの利用が、教員・生徒にとって抵抗のないものとなりました。そこで、学校全体で取り組むべき課題の１つとして、校務のデジタル化を位置付けました。業務の削減・効率化を行い、授業や研究の時間を確保するためです。そのような背景から、2022年４月には「校務整理」に関するプロジェクトチームを立ち上げ、校務のデジタル化を推進することになりました。２名の若手教員が中心となって、従来の紙ベースの処理をGoogleのアプリを利用した自動処理に置き換え、データを一元化するための様々なシステムを既存の機能とプログラミングを併用しつつ開発しました。

⑴ 「校務整理」のこれまでの成果と例

これまでに開発してきたシステムは、図2-19のようなURL一覧で一元集約し、全教員と共有しています。この他にも、部活動入部や授業科目選択の希望調査、調査書発行のためのフォームなど多岐にわたります。

先述したプログラミングは、Google Apps Script（GAS）というJavaScriptベースのプログラミング言語により行われています。Googleの提供するアプリはほぼすべて制御でき、複数のアプリを組み合わせた処理を行うことも可能です。

例として、「生徒欠席連絡」のシステムを紹介します。多くの学校では、生徒が欠席する場合、保護者から学校へ連絡を入れます。一言に欠席連絡

管理	タイトル	URL
その他 ▼	高校来校者調査	https:
その他 ▼	桐陰会館使用申込書	https:
その他 ▼	グラウンド・体育館・育風館使用申込書	https:
総務部 ▼	メーリングリスト	https:
生徒部 ▼	週番日誌（普段）	https:
生徒部 ▼	日直日誌（長期休暇）	https:
教務部 ▼	生徒欠席連絡	https:
生徒部 ▼	活動報告入力フォーム	https:
生徒部 ▼	活動報告一覧	https:
生徒部 ▼	登校者名簿	https:
生徒部 ▼	入部状況一覧	https:
生徒部 ▼	入部届	https:
生徒部 ▼	退部届	https:
生徒部 ▼	落とし物専用サイト	https:
生徒部 ▼	落とし物受付フォーム	https:
筑スタ ▼	筑スタポータルサイト	https:
その他 ▼	附属高校ホームページ	https:
その他 ▼	附属中学校ホームページ	https:

図2-19　URL一覧（Google スプレッドシート）

と言っても、例えば遅刻、欠席、早退、忌引など様々な理由があります。またインフルエンザや新型コロナウイルスなどの場合、出席停止となり、病名だけでなく診断を下した医療機関名が必要となることもあります。更に欠席期間についても、その日だけなのか、数日にわたるのか、次回登校日が決まっているか否かなど、多岐にわたります。これらの情報は保護者から学校に連絡があった後、その情報を担任や養護教諭と共有し、教務データとして取りまとめ、出欠記録を調査書などに反映できるように整理して保存します。

　学校現場ではこれらの作業に、毎日かなりの時間と労力を費やします。特に2020年からの新型コロナウイルスの感染拡大によって、これらの業務量は激増しました。また多くの情報が複数の場所・組織を行き交うため、ヒューマンエラーが起こることや連絡の行き違いなども生じました。そこ

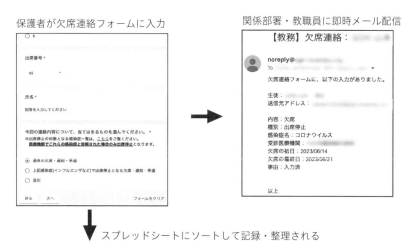

図2-20　欠席連絡の処理の流れ

で保護者の欠席連絡から、情報共有、記録整理までを自動化するシステムを、GASで開発しました。

　図2-20は、実践校における欠席連絡の処理の流れです。まず保護者がGoogleフォームに、欠席連絡の情報をスマートフォンやパソコンから入力します。すると入力された情報を要約したメールが、当該保護者、担任、保健室、教務部にGmailで即時配信されます。同時に、入力された情報はGoogleスプレッドシートにソートして記録整理されます。またスプレッドシートには、欠席種別ごとにデータを分けたシートや、日付を検索してその日に欠席した生徒を一覧で見ることのできる機能などを付けました。更に、メールアドレスや生徒情報などの年度更新は、開発者以外にも簡単にできるように工夫してあります。システム導入以前と比較して業務量は大幅に減り、入力ミスなどもなくなりました。

⑵　教員向けGAS講習会

　上記の「生徒欠席連絡」のような、フォームに入力されたデータをスプレッドシートに集約し、そのデータを基にメールを配信する仕組みは、事務仕事以外にも授業など様々なところに応用できます。このことから、現場の教職員が便利さを実感できるようになったところで、講習会を行いました。基本的なプログラミング操作から、フォーム、スプレッドシート、メールを制御する方法を講義と演習を組み合わせて3日間実施しました。これまで開発したシステムの仕組みを理解し、自分自身でプログラミングができるようになりました。

〈勝田 仁之・三輪 直也〉

第 3 章

ICT教材とデジタルコンテンツ

この章では、デジタル教科書の現状と課題、電子黒板の種類と機能、動画コンテンツについて概括し、その授業実践について紹介します。

第1節　デジタル教科書と電子黒板の展開

1　デジタル教科書の現状と課題

デジタル教科書は学校教育法等の一部を改正する法律（平成30年法律第39号）が2019年4月1日から施行されたことで教科書として使えるようになりました。デジタル教科書とは電磁的記録である教材であり、図3-1のように学習者用と指導者用からなります（文部科学省，2020）。学習者用デジタル教科書はこれまで紙によって提供されてきた教科書の内容を記録したもので、指導者用はそこにデジタルコンテンツなどが加わります。このように、デジタル教科書はコンピュータなどの端末上で動作し、ハードやソフト、コンテンツ、通信ネットワークから構成されます。

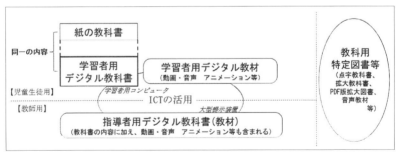

図3-1　紙の教科書や学習者用デジタル教科書等の概念図

文部科学省（2022）の調査結果によると、2022年3月1日現在では指導者用・学習者用デジタル教科書の整備率は表3-1のようになっています。

表3-1　学校種別デジタル教科書の整備率

	全学校種	小学校	中学校	義務教育学校	高等学校	中等教育学校	特別支援学校
指導者用	81.6%	88.6%	89.9%	93.8%	37.2%	82.4%	26.5%
学習者用	36.1%	40.1%	41.5%	56.6%	6.1%	38.2%	16.3%

　指導者用デジタル教科書に比べ学習者用のデジタル教科書の整備は進んでいないようにも見えますが、デジタル庁ら（2022）のロードマップによれば本格的な導入は2024年度以降であり、まだ導入準備段階といえます。

　学習者用デジタル教科書やデジタル教材を授業で活用する際の効果的な学習方法について、文部科学省（2020）は次のような例を挙げています。

- ・学習者用デジタル教科書を学習者用コンピュータで使用することにより可能となる学習方法（拡大表示、書き込み、保存・表示、機械音声読み上げ、背景色・文字色の変更・反転、ルビなど）
- ・他の学習者用デジタル教材と一体的に使用することにより可能となる学習方法（音読音声、文章や図表の抜き出し、動画・アニメーションなど）
- ・他のICT機器等と一体的に使用することにより可能となる学習方法（大型提示装置等に画面表示、ネットワーク環境を利用して書き込み等を共有など）

　つまり、学習者用デジタル教科書は従来の紙の教科書による学習のよさに加えICTの特性や強みを生かすことを可能にしています。また、その効果的な活用方法として教科書の内容へのアクセスを容易にするなど特別な配慮を必要とする子供に対する学習上の困難の低減も挙げられています。

　ただし、学習者用デジタル教科書のコンテンツを単に視聴させるだけでは子供の学習は充実しませんし、実験・実習などの体験的な学習がおろそかになってはいけません。もちろん、デジタル教科書の使用自体が目的化しては意味がありません。また、新井（2012）は新たなメディアの登場により、そのメディアでは学習が困難である者が現れるなど、恩恵を受ける者がいる一方で新たな弱者が生み出されることを指摘しています。このように、デジタル教科書があらゆる問題を解決するわけではありません。そのため、注意深く効果的な活用方法が模索される必要があります。

〈北島　茂樹〉

2　電子黒板の種類と機能

　電子黒板とは、液晶やボード上に専用のタッチペンを使用して直接書き表した文字や図式をデータとして他の媒体に提示することができるメディアです。黒板やホワイトボードなどと同様の機能から、書かれた文字や画像をスクリーン上で直接移動させたり、拡大・縮小、回転させたりする操作ができます。そしてインターネットへの接続によってより探究的で教員と子供

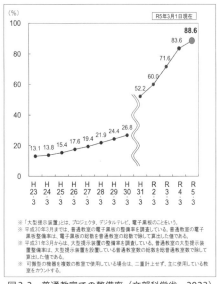

図3-2　普通教室での整備率（文部科学省，2023）

との双方向的な学びを支えるものとして進歩しています。また、GIGAスクール構想により1人1台端末の普及が進められ、電子黒板を含む大型提示装置の整備率は、2023年3月現在で約88.6％であり、年々上昇傾向にあります。

⑴　電子黒板の種類と特徴

　電子黒板には、タッチディスプレイ型やプロジェクタ型、ユニット型など様々な形態があり、いずれも学習活動を豊かにするものです。

①　タッチディスプレイ型

　すばやい起動や可搬スタンドを利用した移動の容易さが特徴です。また、画面のサイズも65型以上への大型化が進められています。視野角が広く、教室の後方や端など、どの位置からでも見やすいのも特徴です。2K画質から4K画質への移行も加速しつつあり、鮮明な画像で分かりやすい授業の実現を手助けしてくれます。現在では、ブルーライトカットや画面のちらつき、反射を抑え目の疲労を軽減する機能等もあります。

② プロジェクタ型

　投写画面サイズの幅が広く、教材をより大きく映し出すことができるのが特徴です。今では、黒板いっぱいに写せる、ウルトラワイドな超短焦点プロジェクタもあります。曲面黒板にも投影可能な曲面補正機能などもあります。壁掛けや天吊りで場所を取らずに圧迫感を感じないのもプロジェクタ型の魅力となっています。ランプ交換型からLEDやレーザー光源を採用したモデルへの進化を遂げ、明るく、起動・消灯時間の大幅短縮など、学習の用途によって改良が進められています。明るい場所でもクリアで高鮮明に投影できるものも出てきています。

③ ユニット型

　電子黒板機能をもたないデジタルテレビやプロジェクタでも、取り付けるだけで、電子黒板化できるものもあります。既存のテレビやプロジェクタを有効活用できる点が特徴です。電子黒板を購入する前のステップとしての選択もできるため、電子黒板の有効性を検証するには十分な操作性や再現性をもっています。デジタルテレビの画面を保護するフィルムやパネルを追加し、一緒に設置することが多いようです。

　以上のように概ね3種類の電子黒板が存在します。このうち①タッチディスプレイ型と②プロジェクタ型のうち、その代表例と考えられるミライタッチとワイードの具体的な特徴を紹介します。

　ミライタッチはタッチディスプレイ型の電子黒板で、最大の特徴はChrome OS Flexが搭載されていることです。すなわちGoogle アカウントでログインすれば、Chromebookと同じようにGoogle for Educationの機能が使用できます。このことでドライブ内のデータを開いてテキストを表示でき、授業内で書き込んだ内容もすぐに保存できます。更に、保存した内容をGoogle Classroomなどで共有すれば、児童生徒、他の教員とも簡単に学習の記録を共有することができます。Google for Educationを採用している学校では、導入のしやすい電子黒板だといえるでしょう。

　ワイードはプロジェクタ型の電子黒板で、投影画面の大きさや位置、資料のページを容易に変更できる特徴があります。画面の大きさや位置を変更する機能は、教科や用途によって黒板全体、左、中央、右と資料の表示

場所が変更できます。教員用と児童生徒用のタブレットなど2つの端末を同時に投影することも可能です。更にマウスの代わりになる専用のタッチペンを用いれば、資料に直接文字を書き込むことができるため、学習の記録を容易に残すことができるのです。

このようにタッチディスプレイ型は資料の表示デバイスがコンピュータとして機能する存在へと進化し、プロジェクタ型はアナログである黒板やホワイトボードがデジタルデバイスと融合するような進化が見られます。

(2) 電子黒板と1人1台端末

GIGAスクール構想により1人1台端末の普及が進められています。教育用コンピュータ1台当たりの児童生徒数を見てみても、2023年3月現在では1台につき、平均0.9人です（文部科学省, 2023）。急速に進むICT活用の中で、電子黒板と1人1台端末の双方を有効に活用していくメリットを3点述べていきます。

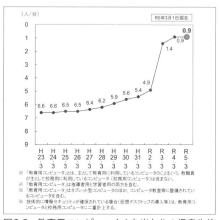

図3-3　教育用コンピュータ1台当たりの児童生徒数

第1に、視覚機能がもたらす授業の焦点化、興味・関心の喚起、及びそれによる探究的に学ぶ意欲の育成です。明るく鮮明に映し出された写真や資料や図形、様々な動画を、電子黒板を使ってみんなで注目したり、個の端末で気になるところを詳しく注目したりするなど、学習意欲を引き出す契機となり得ます。

図3-4　電子黒板で共有している場面

第2に、ネットワーク機能がもたらす教員と子供の双方向的学習の実現です。子供が、自らの問いについて考えたり、調べたりする中で、新しい気付きや視点、見方・考え方と出合うためには、他者との関わりが必要不可欠です。子供同士の関わり合いから多様な考えやアイデアが生まれてきます。個々の端末で追究してきたことを電子黒板に共有し、互いの学びの過程を電子黒板に写しつつ、協働的に学び合うツールとなります。また、最近ではiPad（Apple社）では「apple TV」、Android系では「Chrome キャスト」など、ケーブルレスで投影できる機能を使って子供同士の学び合いを深めている例も増えてきています。

　第3に、電子黒板やタブレット端末をサーバにつなげれば、各教員が開発した教材や教具を教員同士で共有し合えることです。子供同士の興味深いやり取りや、考えの深まりを教員間で共有し、その時間に欠席していた子供に対しても、その時間の学びを提供しやすくなったりします。

　電子黒板と1人1台端末を使っていくことはメリットだけではありません。能動的な学びを促す教具でありながら、一方向的で受動的な学びに陥るおそれもあります。電子黒板と1人1台端末のよさを生かした授業づくりが必要になっています。

　また、新しいICT教具が導入されても使い方が分からず放置してしまったり、機能を十分に活用できなかったりする場合も考えられます。そのようなセキュリティ管理について、システムエラー、機器のトラブル、メンテナンスなどのICT機器に関する専門的な問題は、各自治体や学校ごとに配置が少しずつ進められているICT支援員が対応してくれます。

　このようにメリットやデメリットもある電子黒板ですが、1人1台端末とともに教室において積極的に活用していきながら、子供の能動的な学びを支えていきましょう。そうすることで、個と個の探究的な学びをつなぎ、新しいアイデアや考えを生み出す場へとなっていくからです。また、個に応じた指導の充実を図るに当たり、電子黒板と1人1台端末の有機的な活用を進めていくことができます。

〈宮川　史義〉

3　動画コンテンツのアーカイブ

　2020年度より順次導入が拡大されたデジタル教科書及びコロナ禍で前倒しされたGIGAスクール構想による1人1台端末の普及により、教授・学習過程における教具・教材の在り方が大きく変容してきました。

　文部科学省（2018）において実践事例集が紹介されていますが、デジタル教科書と関連付けて動画・音声、アニメーション等といったデジタルメディアを使用することで効果的な学習が期待されます（村上ら，2017）。

⑴　各種デジタルアーカイブ

①　NHK for School

　2011年度のサービス開始以降、豊富な番組・動画クリップが用意されています。主に義務教育段階を対象にしており、各学年・教科別の学習指導要領の内容あるいは出版社別の教科書から関連する番組・動画クリップを検索することができます。番組・動画クリップはそれぞれ該当ページにURLとQRコードが表示され、授業で容易に提示・共有することができます。

②　子どもたち応援サイト

　2006年度、京都大学大学院教育学研究科において設立されたE. FORUMによる各デジタルコンテンツへのリンク集となっています。各学年教科・テーマ別にコンテンツが分けられ、NHK for Schoolの動画クリップ、大学や教育委員会等が公開している動画・音声を紹介しています。

③　子供の学び応援サイト〜学習支援コンテンツポータルサイト〜

　文部科学省が公開している動画、ワークシート等のデジタルコンテンツを紹介するリンク集です。動画コンテンツは小学校から高等学校までをカバーしており、NHK for Schoolの動画クリップのほか、各教科書出版社が提供する動画コンテンツ等のリンク先を紹介しています。また、幼児教育や特別支援教育のコンテンツも扱っています。

⑵　動画共有サイトの教育利用について

　先述したように、我が国では学校教育での活用に最適化されたコンテンツが存在しますが、必ずしも授業者の目的に沿うものばかりではありませ

ん。そのため、授業者がコンテンツを作成したり、主体的・対話的で深い学びを実現するためのコンテンツ使用を検討したりする場合があります。

例えば、YouTube 上にアップロードされている動画を教材として使用する場合、現在では著作権法第 35 条により権利者の許諾なく授業に用いることができます。ただし、その動画自体が他者の著作権を侵害していないかを確認する必要があります。運営側も著作権侵害がないようにシステムを運用していますが、疑いのある動画の使用は避けるべきです。また、授業者が自作の教材動画や反転学習に用いる動画コンテンツを作成し公開する場合も、動画共有サイトは利便性が高いものとなっているといえます。

(3) デジタルアーカイブの課題と展望

動画コンテンツに限らず、デジタルアーカイブの教育活用は今後ますます需要が増すと考えられます。そのため、アーカイブの構築以上に教育におけるアーカイブの活用が求められます。例えば、2020 年に開設されたジャパンサーチは、多種多様なデジタルアーカイブと連携して分野横断的に資料を検索できるサイトとなっています。しかしながら、このようなアーカイブを教育活用し豊かな学びを実現するためには、まず児童生徒が自らの「問い」をもつ必要があります。そして、その問いを解決し深めるような探究的な学びを実現するため、適切な資料に探究的にたどり着けるよう支援するためのリテラシーが教員にも求められます（大井・渡邉, 2020）。

ここで紹介した学校教育向けデジタルアーカイブは教科書や学年とリンクするものが多く、その関連付けは容易ですが、まだ補助的なコンテンツだといえます。デジタルアーカイブはいつでもどこでもアクセスできるため、学習の柔軟性を向上させることができます。また、児童生徒の持続的な学習の機会を提供することもできます。1 人 1 台端末の普及により、動画コンテンツは授業における一斉視聴だけでなく、子供たちの探究活動を支えるものとして個々に活用されることも射程に入れる必要があります。

今後、デジタルアーカイブの活用が進むことで、教育に関わる者にとって使いやすい保存・構築・活用の議論が活性化していくことでしょう。

〈栗原　峻〉

1 デジタル教科書での授業実践

　ICTを用いた教育の推進に伴い、様々な機能をもったデジタル教科書の普及が進んでいます。しかしながら、高等学校では十分に普及されていない実態があります。そこで本項ではデジタル教科書の機能の中でも、主にシミュレーション機能を活用した授業を紹介します。

(1)　授業実践の概要

　授業実践は私立中高一貫校で、高等学校第1学年42名を対象に行いました。二次関数の最大・最小の単元における、係数が変化するときの最大・最小についての授業実践です。本授業では、数学Ⅰ（藤原他, 2022）のデジタル教科書を教員がホワイトボードに投影し、生徒は紙媒体の教科書を用いて実践しました。本授業におけるデジタル教科書の画面は図3-5です。

係数が変化するときの最大・最小

応用例題10　aを定数とするとき，関数 $y=x^2-2ax+a^2+1$ $(0 \leqq x \leqq 2)$ の最小値を求めよ。また，そのときの x の値を求めよ。

図3-5　デジタル教科書の画面

　本実践は3段階に分けて行いました。

　第1に問題の提示をして場合分けの必要性を確認しました。図3-5の問題を解決するために定数aの値によって関数 $y=x^2-2ax+a^2+1$ の最小値をとるxの値が変化し、場合分けが必要であることを確認しました。

　第2に場合分けの方法をシミュレーションで確認しました。図3-5の右上の「ひらく」をクリックするとシミュレーション画面にアクセスすることができます（図3-6）。また紙媒体の教科書にあるQRコードを読み取ることでもシミュレーション画面にアクセスすることができます。従来であれば、あらかじめ教員がデータを入力して設定した関数描画ソフトや具

体物などを用いて生徒に見せる展開でした。しかしながら、この機能によって教員は準備の必要がなくなり、生徒はいつでもシミュレーションを行うことが可能となりました。

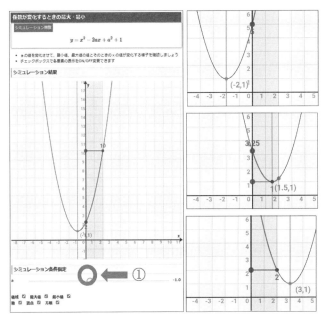

図3-6　シミュレーション画面全体像（左）、a＝-2のときの画面（右上）、
　　　　a＝0.5のときの画面（右中）、a＝3のときの画面（右下）

　図3-6のシミュレーションでは、つまみ（図3-6の①）を動かすことでaの値が変化し、関数が変わることでグラフの位置が変化します。生徒各自がこの機能を用いて、定義域内で最小値がどのように変化するかを調べました。その後小集団で互いの意見を解釈・検討し、xの値に着目してaの値の範囲を定め、場合分けをしました。

　第3にそれぞれの場合における関数の最小値を求めました。その後、同様にシミュレーションを用いながら図3-5と同条件の場合の最大値を求める問題に取り組みました。

(2)　授業実践の成果と課題

　生徒は各自で紙媒体の教科書のQRコードをタブレット端末で読み取り、

シミュレーションでaの値を変えて観察を行いました。その後、小集団活動で観察したことについて意見を交換する中で、最小値を取るxの値に着目し、場合分けする必要があることを認識している姿が見られました。その結果、はじめは問題の意図が理解できなかった生徒も頂点の位置によって場合分けの必要があることを

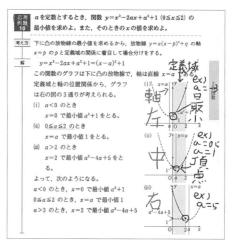

図3-7　書き込まれたデジタル教科書

全体で説明できるようになりました。生徒の説明に合わせて授業者はデジタル教科書に補足の説明を書き込みました（図3-7）。

　デジタル教科書を用いた授業について生徒からは、「シミュレーションすることで理解できた」や「先生が教科書に直接書き込んでくれたものを真似して書けるから教科書がより分かりやすくなった」などの肯定的な意見が得られました。本授業ではデジタル教科書の主にシミュレーション機能を活用しましたが、その他にもデジタル教科書に教員の補足説明や生徒の疑問、反応の様子などを即座に書き込み、いつでも振り返ることもできます。こうした記録によって、他クラスや次時以降の授業では発問や展開の方法を工夫することができました。今後は指導者用と学習者用のデジタル教科書の利用方法を検討する必要があるでしょう。

〈大石　泰範〉

2 電子黒板を活用した授業実践

　近年、初等教育の現場ではICT教育の普及の一環として、国や自治体の支援の下に電子黒板の導入が行われています。本項では電子黒板を活用した授業実践の一例を紹介します。情報を瞬時に提示し、保存したものを見返すことで子供たちの興味・関心を惹き付けたり、一度考えたものを見直したりすることができ、学習内容の理解を深める効果が期待できます。

(1) 授業実践の概要

　授業実践は東京都私立小学校第2学年児童34名を対象に行いました。授業者は赤羽泰先生です。道徳科D 主として生命や自然、崇高なものとの関わりに関すること「[生命の尊さ] 生きることのすばらしさを知り、生命を大切にすること」において、クラス全員が世話をしたことのあるミニひまわりを題材にして授業を展開しました。本単元は全2時限構成で行いました。

　1時限目では、咲いているミニひまわりと咲いていないミニひまわりの気持ちを考えました。最初に子供たちに今までの経験を通してどんな生き物を育ててきたのかということを、タブレットに書き込みクラスで共有しました。導入部分で生き物についての興味・関心を惹き付けました。次にクラス一人一人が世話をしたミニひまわりの気持ちを考えました。その際に子供たちの考えた意見を電子黒板に書き込みました（図3-8、3-9）。

図3-8　咲いているミニひまわりと咲いていないミニひまわり

図3-9　子供たちの意見を書き込んだ電子黒板

　次に、咲いているミニひまわりと咲いていないミニひまわりのどちらになりたいかを選択し、自分ごととして捉えられるように促しました。最後

に、これらを基にどのような世話をしてきたのか思い出し1時限目を終わりました。

2時限目では、ミニひまわりの命について想像し、今後生き物の命を大切にするために気を付けることを考えました。最初に復習として電子黒板で前時に行ったミニひまわりの気持ちを考えた板書を映しました。次にミニひまわりには命が「ある・ない・わからない」を考えました。また、子供たちが考えやすいように、咲いていないミニひまわりの実物を見せました。最後のまとめとして、子供たちが今後生き物の命を大切にするために気を付けることを考えました。どんな生き物を育ててどのように世話をしていくか、例を出し電子黒板に書き込みました（図3-10）。その際に、1時限目に育てたことのある生き物をタブレットに書き込んだものを電子黒板に映し、子供たちが考えやすいようにしました（図3-11）。子供たちが育ててみたい生き物や世話の仕方を考え、2時限目を終わりました。

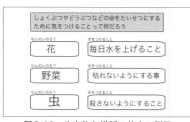

図3-10　生き物と世話の仕方の例示

図3-11　1時限目で考えた生き物

(2)　授業実践の成果と課題

電子黒板を活用した授業実践の成果として3点が挙げられます。

1点目は教員と子供たちとで同じ情報を瞬時に共有することができる点です。ミニひまわりの画像や子供たちの意見を提示することで、興味・関心を惹き付けていました。このような視覚的アプローチを行うことにより、子供たちの理解を深めるのに役立っていました。また、同じ方向を向いて学ぶことができるようになっているため、教員と子供たちの視線を一点に集中しやすい状況をつくることができます。

2点目は板書内容を保存し、再度見返しながら授業を展開することができる点です。授業で学んだ内容を保存し後で何度も見返すことで、子供た

ちは学習内容を復習し、より深く理解する機会を得ることができます。また、授業の導入部分で提示することや必要に応じて情報を繰り返し見ることで、知識が長期間にわたって定着しやすくなります。他にも、今まで学んできたことと新しい情報とを結び付けることで、学習の基盤を築くことが期待されます。

　3点目は提示の仕方を工夫できる点です。電子黒板には、従来の黒板では難しかった掲示物の拡大や縮小、変形などの手間のかかる提示の仕方を幅広く可能にする機能があります。動画や映像など視覚的な説明を簡単に行うことができ、教材の質を向上させることに貢献します。また、時間の短縮化にもつながり、教員はより重要な活動に焦点を当てることもできます。

　電子黒板を活用した授業実践での課題として、電子黒板が多機能であり教員が全ての機能を把握できているわけではないという現状があります。そのことから機器トラブルに対する不安や準備の時間浪費など電子黒板をネガティブに捉えてしまい、認知されず活用できないことが考えられます。電子黒板を効果的に活用するためには、教員のスキル向上や適切なサポート体制の整備が必要です。また、教員は電子黒板を既存の黒板の延長ではなく新しい教具として捉えることが大切です。自身の技術的なスキルを向上させることで、電子黒板の機能を最大限に活用し、子供たちの学びをサポートすることができます。今後の展望として画面を2分割することができるため比較・対比を行ったり、文字をオブジェクト化したりすることで、より授業の質の向上を図ることが期待できます。電子黒板の成果と課題を踏まえ教育現場での活用を進めることで、教員の電子黒板を活用するハードル感を低くするとともに、より効果的な授業実践とそれを支える環境を実現することができるようになると考えます。

〈山村　正義〉

3 NHK for Schoolによる家庭学習の実践

　デジタルコンテンツを用いた学習には、ほとんどの児童生徒が楽しみつつ前向きに取り組む姿が見られます。本項では、「NHK for School」を用いた家庭学習と、その学習に基づいた小学校授業におけるコミュニケーションの充実を図った実践を報告します。

⑴　実践の概要

　NHK for Schoolには映像資料をはじめ、多くの教材が用意されています。児童生徒は、映像を見ながら分かったことや考えたことをまとめたり、サイト内にある資料を使って詳しく調べたりすることができます。本実践では、NHK for Schoolにある映像資料に着目しました。映像資料を用いた授業では映像・資料を全員で見ることや、疑問や気付いたことなどをまとめること、小集団で話し合い発表すること、今後の学習課題を作成することなどに時間の大半を使ってしまいがちでした。この場合、児童生徒の意見交流の時間を十分に確保できずに授業が終わってしまうこともあるでしょう。そこで、筆者は反転学習の視点を取り込み、家庭学習として映像・資料を閲覧し、疑問や気付いたことをまとめる活動をあらかじめ行うことにしました。その後、授業において事前に学習したことを基に、小集団で話し合い発表することを行い、今後の学習課題を作成する、というような授業を設計し、意見交流の時間を十分に確保できるようにしました。

　授業実践の方針として、最初に資料の設定を行います。NHK for schoolの映像資料は教員の意図に合わせて切り抜き、見せたい部分だけの動画にできます（図3-12）。次に、この機能を活用して、家庭学習で閲覧してほしい範囲

図3-12　NHK for Schoolの画面

を児童に送信します。

　そして、児童は家庭学習として、教員が切り抜いたNHK for Schoolの映像資料を閲覧し、疑問や気付いたことなどをまとめます。後日まとめてきたことを小集団で共有します。その後、学級全体で意見の交流を行い、今後の学習課題を考えたり、課題解決の方法を考えたりするといった形式です。またこの際、NHK for School内の「やるキット」から、ワークシートを内容に応じて活用することができます。

　このような方針において、小学校第6学年理科「てこのはたらき」の単元で実践した内容を概略します。映像資料はNHK for Schoolの「ふしぎエンドレス」という番組の「てこの決まりを探れ！」です。特に本実践では、授業支援システムとしては「ミライシード」を使用し、疑問や気付いたことなどをまとめ交流しました。また、ワークシートは「やるキット」にある「作用点ではたらく力が大きくなるのはどんなとき？」をミライシードで配布し、記入できるようにしました。

　児童たちは、家庭学習の時間で、教員が切り抜いた動画を見て、「作用点で働く力はどうしたら大きくなるのか」の予想を立てました。その予想をワークシートに記入し、授業前にあらかじめ提出をしました。翌日の授業で用語の確認を行い、ワークシートを見ながら小集団で話し合い活動を行い、自分たちの意見から、予想を確かめるための実験方法を考えました。この際、事前の家庭学習の影響から、グループ内で意見をもたない児童がほとんどおらず、意見交流がとてもスムーズに行われました。また、教員の指示を待たずして、交流中に児童同士で予想を確かめるための実験方法について考え始めるグループもあり、次時につながる活動をする前向きな

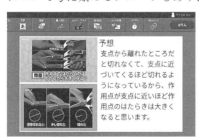

図3-13　ミライシード上のワークシート（左：予想　右：比較検討画面）

姿が見られました。

　グループで出し合った意見と、実験の方法をもとに、今後の授業の流れと学習課題を考え、てこを使った実験へと授業を展開しました。

　こうした活動後、グループで出し合った意見を基に、今後の授業の流れと学習課題を考え、てこを使った実験へと授業を展開しました。

(2)　実践の成果と課題

　NHK for School を使い家庭学習の充実を図ったことで、授業内における意見交流の時間を十分に確保することができました。また授業支援システムを併用することで対話的な学びも実現できました。

　本実践では家庭学習で自分の考えをまとめた後に授業に臨んでいたことから、小集団活動の際に全児童が積極的に参加することができました。また、限られた授業時間の中で、次時の実験方法の確認やまとめの時間まで余裕をもって行うことができました。

　一方、残された課題として、家庭学習の時間を使うため、保護者の協力と理解が必要であることが挙げられます。本実践における映像資料の閲覧は、復習としてではなく授業の一環として活用するため、保護者の理解と協力がないと成り立たないでしょう。また、教員のICT端末のノウハウも必要です。本実践は教員による準備として、児童の思考を可視化するためのツールの設定をしなければなりません。本実践においては切り抜いた動画とワークシートを活用しましたが、教科や単元、また児童の実態に合わせたものを用意することが大切だと考えます。本実践は小学校において行われましたが、特に中学校や高等学校では資料の取捨選択に留意する必要があるでしょう。

　ICT端末を使った授業や、アクティブ・ラーニングの実践が求められているからこそ、今回のような授業形態は児童生徒の主体的・対話的で深い学びにつながるだけでなく、授業改善にも大いに役立つと考えます。

〈村上　祐太〉

第4章

授業支援システムの展開

この章では、授業支援システムの種類と機能、それによるアクティブ・ラーニングの展開やデジタルポートフォリオ活用の姿を明らかにします。

第1節　授業支援システムの概要

1　授業支援システムの種類と機能

⑴　定義と特徴

　授業支援システムとは、ICTによって学習指導を補助あるいは拡充する機構の総称です。その特徴は各社のシステムによって多種多様ですが、本質的には授業準備の能率化、指導過程の豊富化、各種評価の迅速化などによってあるべき授業の姿を拡げることにあります。導入年度だけでも2300億円以上の多大な国家予算を計上して導入した1人1台のデバイスや高速ネットワーク環境を単に情報検索に使うだけではもったいなく、学校教育に広く生かした展開をリアルに支えるのがこのシステムです。

⑵　種類と機能

　具体的な授業支援システムとして、ロイロノートやミライシード、SKYMENUやMetaMoJi、スクールタクト、Google Classroomなど、多くの優れたプラットフォームが使われています。Web接続がいるブラウザ型とインストールや更新が必要なアプリケーション型がありますが、どちらの形式でも使用できるシステムもあります。現時点でのこうした各社のシステムを性能比較することも一案ですが、同業他社の機能を相互に参照して機能追加する措置も多く見られます。元来の設計思想にもよりますが、そうしたバージョンアップの実際を鑑みれば、上記の各システムの一義的な優劣は付けがたく、ある時点の性能比較はすぐに陳腐化します。各自治体や学校の担当者は目指すべき教育の質の向上を前提に、導入コスト

や維持管理コストなど財政面を踏まえたシステム選択が求められます。

　こうした授業支援システムの導入は、コロナ禍での緊急措置という当初の局面を終え、旧態的な従来の学びを刷新する段階に入りました。今後、往年の一様な対面授業に単純回帰することなく、肢体不自由者へのアクセシビリティを高める合理的配慮や、不登校傾向の児童生徒への総合支援、社会人のリカレント教育などへの援用も期待されています。そうした新たな展開への基盤にもなる授業支援システムの基本的機能には主に以下6点が挙げられます。

① 　課題のオンライン配信

　授業で使用する課題や動画、各種資料を教員がクラウドで管理し、児童生徒の情報端末に配信することで、紙媒体での印刷配布や課題回収と採点集計・返却などの従来の労力を減らすことができる最も基本的な省力化を担います。また、その発展的な機能として児童生徒の自学自習を補助するオンラインテスト機能や自動採点によるフィードバック機能があります。学習履歴に基づき自らの課題難度を調整できる環境を整えることは、近年重視されている公正に個別最適化された学びの提供につながっています。

② 　学習コンテンツの共有

　教員が様々なコンテンツをテンプレート教材としてクラウドから使用できます。同時に、自作教材を他の授業者が使用可能な形式で共有することもできます。各社独自のファイルサーバで管理する場合や、OneDrive（Microsoft）、Google ドライブ（Google）、iCloud（Apple）などの汎用クラウドで連携する場合もあります。また、利用者が多いシステムではオンラインコミュニティも存在しており、そこでの様々な情報交換も有益です。

③ 　協働学習の促進

　児童生徒同士がWeb上での小集団においてチャット機能で意見交換し、コミュニケーションを通して互いの見解を評価しつつ改善点を探る過程で学びの双方向性を高めることができます。これは時間的または空間的制約を超えた協働的な学びの実現につながっています。

④ 　進捗状況の把握

　教員が児童生徒の机間指導をせずとも、図4-1のようにリアルタイム

でその授業の進捗状況を一覧でき
ます。クラス全員の記述解答をサ
ムネイル形式の一括表示でモニタ
リングしつつ、その中の特定意見
をいくつか選んで対比することで
議論の起点ができます。

図4-1　モニタリング機能（ミライシード）

⑤　学習履歴（ログ）の活用

　児童生徒一人一人の取り組み状
態を集積させ、個別の理解度やクラス全体としての進度、苦手領域などを
定量的に分析できます。それは、教員の面からは指導領域の重点化や成績
管理など校務効率化につながります。児童生徒の面からは、学習ログから
単元や領域別に達成度を可視化して、学びのつながりを振り返るデジタル
ポートフォリオとして活用できます。

⑥　相互関係の確認

　授業支援という領域をいささか
超えますが、児童生徒の互いの引
用頻度やその評価値を図4-2の
ようにグラフで可視化して、関係
性をソシオメトリーで把握し学級
経営などに生かす機能があります。

　これら①～⑥の機能は授業内外
で役立つ機能ですが、従来の教材
準備や授業運営を効率化して省力

図4-2　ログ分析機能（スクールタクト）

に役立つ①②⑤のような機能と、従来では難しかった活動が新たに可能に
なる③④⑥のような機能に分けられます。

　この今まで困難であった授業展開を可能にする機能として、他にも匿名
性を担保したチャットなどでの授業コミュニケーションが挙げられます。
匿名参加は無責任発言や極論の横行も危惧されますが、教室内の同調圧力
を軽減してWeb上での表現の自由を担保できる意味で、現在の教室文化
を一新する革新的な機能です。またこれ以外にも実用的な機能として、画

面の拡大機能や無関係な活動を制する画面ロック機能などがあります。

(3) 展望と課題

　こうした授業支援システムの導入は課題の作成や配布、集計などの既存の単純作業を減らすことは見込まれますが、教員による業務の総量を軽減することは難しいかもしれません。新しいシステムを用いれば、当然新たな機能による分析や評価などが増えます。授業のクオリティ向上は大いに期待できますが、教員の業務総量は概ね変わらないでしょう。

　こうした授業支援システムを学校教育で用いる上での課題として、文教予算の恒常的確保や教員研修の拡充など多々ありますが、より根本的には以下2つの事柄を思慮する必要があります。

　第1に、キャリア形成から見たシステム使用の持続性です。言い替えれば、学校外や卒業後に生かせる汎用性をもてるかという問題です。授業支援システムは学習の「手段」として使う上では有益でしょう。しかし学校外での生涯学習のリテラシーに位置付けられるかは見通しが難しくなります。学校内で限定的に閉じるシステムの是非は意見が分かれるところであり、例えば、GoogleやApple、Microsoftなどのすでに情報インフラと化したシステムとの連携は1つの折衷策となるでしょう。

　第2に、システムで集積した情報の還元性です。蓄積したデータをどう授業に生かすのかという実践的フィードバックの問題です。個別の進捗や疑問の表出、学級全体での不得意領域や誤答傾向など今までより格段に多くの情報が得られる環境下で、学びを深める手法を具体化せねばなりません。従来これは、教員が教室の雰囲気で臨機応変に行ってきた指導を、細やかな形成的評価に基づいた判断で補完することを意味しています。この問題は、文部科学省総合教育政策局が取り組んでいる公教育データ利活用と通底しています。MEXCBTで得られるビッグデータと同様に、授業支援システムを通して得られた教室レベルでの学習状況データを指導改善に生かす具体策を探らねばなりません。

　このように授業支援システムの導入は、その運用によって得られるデータの利活用を含めて、教育の質の向上を支える要となっています。

〈小原　豊〉

2 アクティブ・ラーニングでの展開

　「アクティブ・ラーニング」とは、「教員による一方向的な講義形式の教育とは異なり、学修者の能動的な学修への参加を取り入れた教授・学習法の総称」です。中央教育審議会（2012a）によれば、学習者が能動的に学修することによって、認知的、倫理的、社会的能力、教養、知識、経験を含めた汎用的能力の育成を図るための教授・学習法であり、発見学習、問題解決学習、体験学習、調査学習等が含まれるが、教室内でのグループ・ディスカッション、ディベート、グループワーク等も有効なアクティブ・ラーニングの方法とされています。もともとは、大学教育の質的転換のために推奨されている教授・学習法です。

　初等・中等段階におけるアクティブ・ラーニングとは、「何を教えるのか」という知識の質や量の改善はもちろんのこと、「どのように学ぶのか」という、学びの質や深まりを重視することが必要であり、課題の発見と解決に向けて主体的・協働的に学ぶ学習を指しています。このような教育の過程を通じて、基礎的な知識・技能を習得するとともに、実社会や実生活の中でそれらを活用しながら、自ら課題を発見し、その解決に向けて主体的・協働的に探究し、学びの成果等を表現し、更に実践に生かしていけるようにすることが重要であるとされています。藤井（2016）は、アクティブ・ラーニングの学習活動として捉えるべき要件を以下3つ挙げています。

①　「探究的」な学びであること：子どもたちが「問い、考え、判断する」という、思考が能動的に機能する文脈で展開される学習活動であること。

②　「協同的」な学びであること：それぞれの子どもが、チームとして課題を達成していく活動に、自分の個性を活かして参加・貢献する学習活動であること。

③　「反省的」な学びであること：子どもたちが自分の学びを「振り返る」ことにより、自分の成長を実感できる学習活動であること。

　これらの要件を考慮しながら、授業支援システムによるアクティブ・ラーニングとしての授業づくりを実現する必要があります。

アクティブ・ラーニングにおいて授業支援システムを活用するメリットは主に3つあります。ここではロイロノートを用いた小学校第5学年社会科「わたしたちの国土」の実践を基に具体的に見てみましょう。

第1に、探究する力を育むことです。そのためには、子供たちが「問い、考え、判断する」という、思考が主体的に働くような単元構想をしていく必要があります。まずはじめに、子供たちの共通の体験活動や判断するための共通の場づくりを行います。次に、日本全体の地形の特色（山地や平地、川や湖の特徴）について知り、それぞれが気になったことや、疑問に感じたこと、これから調べたいことをカードにまとめて提出します。

図4-3　子供たちの疑問や調べたいテーマ

子供たちが問いに感じたことや考えたことに基づき、教科書や資料集、図書やインターネットの検索機能・動画などを視聴しつつ追究していきます。個の学びのテーマを教室内で公開しつつ、自分の問いや調べていきたいテーマについて次第に深め、その探究の過程を伝え合っていく活動につなげていきます。

第2に、個人の考えや判断を共有しやすいことです。授業支援システムの提出機能を利用することで、授業に参加している子供たちがどのように考えていかに判断したのかを教員は即時に把握できます。他者と協働的に関わり合うことは、新しい学びを成し遂げることにつながります。共有機

能を使うことで、子供同士が友達の考えや判断を知ることができ、相手の立場を理解しつつ話し合い活動を進めることができます。図4-4は、小学校第5学年社会科「わたしたちの国

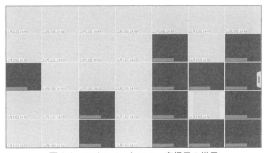

図4-4　ロイロノートでの一斉掲示の様子

土」の実践において、「暮らすなら、低い土地の岐阜県海津市か高い土地の群馬県嬬恋村のどちらがよいか？」について、話し合い活動に先んじて判断してもらった様子です。ピンク色が低い土地、青色が高い土地を選んだ子供の提出箱です。同じ色のカードを提出した友達と各々の土地のよさを確認したり、判断した根拠を交流したりする協働的な学びにもつながっていきます。

　第3に、自分の成長を振り返って実感できることです。アクティブ・ラーニングの過程において、成長の記録をきちんと残しておくことが大切です。主体的な問題解決は明瞭に記憶されていますが、どのような問題をいかに解決したのか、その探究の過程における思考の流れをいつでも振り返れることが必要です。そのために、思考の過程を授業支援システムに確認できる形で残していき、学びのポートフォリオとして蓄積していく必要があります。例えばA児のカードを見てみましょう。図4-5に見られるように、A児は探究するテーマを「高い土地と低い土地の比較（どのような地形なのか、困ることはあるのか、そしてその困りをどのように克服・利用してきたのか）」と掲げて取り組んでいました。

　このように学んだ内容自体を復習するだけではなく、学ぶことを通して自分の考えがどのような変化したのか、自分の成長に気が付けるように反省できることが重要です。そのために、授業支援システムを授業づくりに関連付け、子供自身が自分の成長に気が付ける工夫が必要です。振り返りをこのように位置付けていくことで、現代社会や実生活の中で知識や技能

	岐阜県海津市	群馬県嬬恋村
どのような地形か?	低い土地、海抜0m地帯 川に囲まれた（堤防）輪中	高い土地、700m〜1400m
困ることは?	洪水、水害	寒い、食べ物が育ちにくい、土の状態、交通...
どのようにして、克服してきたか	治水工事、水屋、堀田、排水機場、山に植樹	道路を作った
どのようにして、生かしているのか?	川魚料理、スポーツ（カヌー、ヨット）、温泉	スキー、夏にマラソン（キャベツマラソン）

『違い』
- 生活の仕方
- どう利用しているのか
- 土地の高さ

『共通点』
- マイナス⇒プラス
- その土地にあった工夫
  立地条件、地条件

	メリット	デメリット
高い土地	・水はけがよく、水害の心配がない ・見晴らしがよい ・緑が豊か ・日当たりが良い	・建築コストがかさみやすい ・バリアフリー化しにくい
低い土地	・街の中心で、商店街（お店）や人口が多い ・交通が良い	・水がたまりやすい ・日当たりが悪い

　海津市と嬬恋村は、生活の仕方、工夫の仕方は違います。しかし、共通点は、工夫していることや困ることを良いように変化させてきたということです。私は、2つの土地を比べてわかったことは、2つとも大変な困難を抱えた土地だけれど、困難を克服してより良い土地に変えようと必死に努力してきたということです。私は、そのような努力をしてきたその土地に住んでいる人々のことを尊敬します。なぜなら私にはそのような努力ができるかどうかわからないからです。単に引っ越したら良いと考えてしまうかもしれないと思っていたからです。私も困難に立ち向かい、克服するために努力できる人になりたいと思いました。

図4-5　A児の振り返りの記録

を活用しながら、自ら課題を発見し、その解決に向けて主体的・協働的に探究する子供の姿に出会えるのではないでしょうか。

〈宮川 史義〉

3 デジタルポートフォリオの活用

ポートフォリオとは、児童生徒の知識、技能、態度の成長をモニターするために、教員と児童生徒が系統的かつ組織的に記録物を集めたものです。授業で何を学んだかを児童生徒自身が省みるための成果物として、もしくは、児童生徒の学習態度を教員が評価する際のエビデンスとして機能します。これまでの記録物は紙媒体であることがほとんどでした。記録物をデジタル形式で収集し、蓄積するためのオンラインツールやプラットフォームであるデジタルポートフォリオが普及し始めています。紙媒体の場合、児童生徒の学習成果を蓄積するにも大量の書類の管理作業が必要になるのが当たり前でしたが、デジタル化することでそういった業務が減り、教員間での共有もスムーズにできるようになりました。デジタルポートフォリオは、「eポートフォリオ」や「電子ポートフォリオ」、「Webポートフォリオ」などとも呼ばれることがあります。

⑴ ポートフォリオ導入の経緯

学校教育においてポートフォリオが求められるようになってきた背景には、教育観の変遷が大きく関係しています。1960年代は行動主義的な教育観が主流であった時代で、教員から児童生徒への一方的な知識の伝達を重視する学習指導が中心でした。また、客観的能力測定法であるテストが主に用いられ、その結果のみが評価において扱われていました。しかし、構成主義の台頭とともに、知識は社会的な営みの中で児童生徒一人一人が自ら構成するものという知識観が強調されるようになり、児童生徒が能動的に学習に取り組む環境づくりが強く求められるようになりました。評価方法も児童生徒を継続的かつ多面的に評価することが求められ、毎時間の学習成果物や学習履歴データなどの記録から、児童生徒の学習態度を評価するようになりました。こういった時代背景の下、評価が指導の一部として機能し始め、指導と評価は一体化していて切り離すことができないという考え方が根付くようになりました。そして、どのように児童生徒を評価するかという教育課題を解決しようとする中で、ポートフォリオが教育現場でも注目を集めるようになったのです。

⑵ デジタルポートフォリオの機能的側面

　GIGAスクール構想の実現以降、文書作成ソフトで授業ごとの記録をクラスで共有したり、発展課題としてレポートを提出したり、デジタルポートフォリオが日常的に活用され始めています。誰もが気軽にデジタルコンテンツを使える現在、その2つの機能的側面を理解する必要があります。

　森本（2011）は、デジタルポートフォリオには2つの機能的側面があることを指摘しています。1つは、学習におけるリフレクションの誘発・促進を主目的にする「ワークスペース／プロセス」の側面です（表4-1）。

表4-1　デジタルポートフォリオの2つの機能的側面

	ワークスペース／プロセス	ショーケース／プロダクト
主目的	学習におけるリフレクションの誘発・促進	ショーケースおよびアカウンタビリティ達成
種活動	協調的に学び成長する	成果を発表する
構成・編成	時系列・年代順	テーマ別
リフレクション	学習の成果や経験についての即時的振り返り	過去についての振り返り
評価	形成的評価	総括的評価
引証物	学んだこと	達成したこと
用途例	学習・評価の促進自己成長・専門性育成引証化	教育の質保証・質向上のためのアカウンタビリティ

　例えば、授業終了時に本時の振り返りをフォーム作成ソフトで収集するときのデジタルポートフォリオは、この側面が機能しているといえます。もう1つは、成果を公開する上での掲示やそのアカウンタビリティ達成を主目的にする「ショーケース／プロダクト」の側面です。例えば、各授業で集めた振り返りを単元の終わりに読み直したり、児童生徒同士で発表し合ったりするときのデジタルポートフォリオがこちらの側面に該当します。

　高等学校では、観点別評価が2022年度から年次進行で実施されることになりました。指導と評価の一体化に向けて、デジタルポートフォリオは、教員が行う児童生徒評価だけではなく、自己評価や生徒同士の相互評価など様々な形態の評価について新たな方策を提供する可能性を秘めています。

〈三輪　直也〉

1 ロイロノートによる器械体操の授業実践

　運動を楽しく行うために、自己の課題を見付けてその解決のための活動を工夫することは大切です。そのために、適切な資料を活用したり児童生徒同士で助言し合ったりする活動は欠かせません。本項では、LoiLo社の学習支援アプリケーションであるロイロノートを用いた器械運動（マット運動）の授業実践について紹介します。

⑴　授業実践の概要

　授業実践は、横浜市立小学校第4学年児童27名を対象にして、器械運動の単元においてマット運動を全5時限で行いました。ロイロノートを用いてマット運動の技法を確認したり、自分の姿を撮影してアプリケーション内に記録したりしながら授業を進めました。児

図4-6　ロイロノートで示したマット運動の技法一覧

童が自分の動きを動画で見返して手本と比較することで、自ら動きを改善させるためです。そこで、NHK for Schoolが提供している「はりきり体育ノ介」を手本として活用しました。事前に学級全体で手本の動画を視聴して動きを確認します。そして、技法のポイントが記載された画像を使用し、思考を整理するための枠組みである「シンキングツール」で「カード」をまとめました（図4-6）。児童が器械運動の練習中に正しい動作が分からなくなった際、まとめられた「カード」からいつでも画像を確認できるようにしました。

　更に、ロイロノートにはリアルタイムで複数人が同時に書き込める「共

有ノート」という機能があります。その機能を生かし、4〜5人の小集団で「カード」を見合うことができるよう設定しました（図4-7）。その結果、授業後に実技についてのアドバイスを書き合って、「円を描くように回る」といった具体的な授業のめあてを児童自身が立てる

図4-7　ロイロノートで示した器械運動のカード記録

ことができました。また、児童一人一人の取り組んだ技の種類や完成度をデジタルポートフォリオとして残すこともでき、単元の学習が終わった後で評価に役立てることもできました。なお、評価規準は以下のとおりです（表4-2）。

表4-2　授業で用いた評価規準

知識・技能	思考・判断・表現	主体的に学習に取り組む態度
① マット運動の行い方を理解している。 ② 回転系や巧技の基本的な技を身に付けている。	① 自己の能力に適した課題を見付け、技ができるようになるための活動を工夫している。 ② 自己や仲間の考えたことを他者に伝えている。	① マット運動に進んで取り組もうとしている。 ② きまりを守り誰とでも仲よく運動したり、友達の考えを認めたりしようとしている。 ③ マット運動の場や、器械・器具の安全に気を付けようとしている。

(2)　授業実践の成果と課題

　全5時限を通して毎授業の最後に動画を撮影して、ロイロノート上で振り返ることで、練習する技の選び方に工夫が生まれ、一人一人の技の精度が上がっていく様子が見られました。また、図4-8のように自己の動きを客観的に見て改善点を見付け、練習をよりよくしようとする様子も見られました。

　一方で、今回の実践にはiPad使用に様々な課題がありました。一生懸

命練習をしていると自分の動きを撮影する時間を惜しく感じる児童がいたり、逆に資料を読む時間や動画を見返す時間が長くて練習時間が削られてしまう児童がいたりしました。限られた時間の中で練習量を最大限に確保し、かつICTを上手に活用するには児童生徒の理解が大切でしょう。事前指導や学校、学級でのiPad使用ルールの徹底が重要です。

自分のふりかえり
側転の時に、足が曲がっていたので、次回は、足が曲がらないようにもみじの手にして、綺麗に回りたいです。あと、その全てが出来たら、ロンダードの練習もしたいです。

図4-8　児童の振り返り例

　今回体育の授業でロイロノートを使用したことにより、児童が自己の能力を客観視しながら、課題解決に向けて他者と関わり合って練習をする姿を見ることができました。今後も、児童生徒の実態に合わせてICTを有効に活用することで、自己の課題を見付け、その解決のための活動を工夫することが期待できるでしょう。

〈菅野 七穂〉

2　ミライシードによる個別最適な学びの実現

　授業を進めていく上で、学級内の児童生徒の学習状況の差は可能な限りなくす必要があります。しかし複数の児童生徒の様子を、限りある時間の中で見取ることは困難です。本項は、学習支援システムの1つである「ミライシード」の「ドリルパーク」という機能を用いた個別最適な学びの実現のための実践について紹介します。

(1)　授業での活用の概要

　多数の学校に導入されているミライシードの実践例は数多くありますが、本項では特にドリルパークという機能について着目します。ドリルパークは各教科書会社に合わせた「ベーシックドリル」や「パワーアップドリル」など多数の問題が用意されており、それを児童が自ら選び解くことができます。

　ある学習に対して理解できていない児童がいる中で学習を進めてしまうと、学習状況の差が大きく開いてしまうでしょう。しかし、ミライシードのドリルパークを活用することで、児童が自分の学習状況に合わせて問題に取り組むことができます。また教員は、その活動をその場で確認することはもちろん、時間が経過した後でも把握することができます。これらが個別最適な学びの実現の一助となります。

図4-9　ドリルパークを利用している児童

　また、実際の授業内での活用では、児童は授業開始後すぐに前時の復習として問題を解きました。その時間に教員は板書を行いました。こうすることによって児童は板書が終わるのを待つだけの時間がなくなり、その時

間を復習として有効活用することができました。

またドリルパークには「リアルタイム進捗確認」という機能があります。図4-10はドリルパークを使っているときの児童の進捗状況をリアルタイムで確認している画面です。この機能を用いることで指定された範囲が終わった児童に、自ら単元や問題を選び、自分のペースで学習を進めることを促すことができます。また、デジタルならではの自動採点機能や間違えた問題だけをやり直せる機能などもあります。そういった機能を応用することで授業時間だけでなく、休み時間や朝学習、放課後などの様々な場面でも活用できるでしょう。

図4-10　リアルタイム進捗確認での画面の様子

他にも児童の学習履歴を見る機能もあります。この機能でどんな単元の学習に取り組み、どんなところにつまずいているか、児童一人一人の状況を一目で確認することができます。

また、ただ問題を解くだけでなく、問題を解くたびに「シードポイント」が加算されます。このポイントは、児童がもつ「グレード」というランクを上げるポイントです。この機能によってゲームのような感覚で問題を解くことができ、苦手な学習に対しても楽しみながら積極的に取り組むことができます。

(2)　授業実践の成果と課題

本項では、ミライシードのドリルパーク機能を用いた実践例を紹介しました。特に本実践を行った特別支援学級では、一人一人の学習する単元も違い、より一人一人に合わせた指導が必要となりました。教員が1人の指導をしている際に、他の児童は苦手な問題の演習を繰り返し行うことや、学習する学年を変えて現在の学習の前段階の知識について復習を行うこと

で、限られた時間の中で一人一人に合った個別最適化を目指す学習指導をすることができました。

　一方で、ドリルパークを用いる上での課題が2点あります。

　1点目は、学習履歴では結果だけが表示され、児童の考える過程を見ることができないことです。そのため、間違えている回数が多い問題があるときや、その単元の問題に全く触れていないときなどは教員が直接関わり、児童の様子を個別にきちんと把握する必要があります。

　2点目は、シードポイントを稼ぐために簡単な問題を作業のように答えている場合もあることです。問題を解き直し繰り返し学習することは理解度を高めることにつながります。しかし、その児童の学習状況に合った問題でないと効果が期待できません。そのため、児童が問題を解いているという事実だけを確認するのではなく、どのような状況下で問題に取り組んでいるかを併せて確認する必要もあります。

　また、ミライシードの契約がアプリごとであったり、放課後に使用できなかったりする契約となっている場合もあります。そのため、どんな契約であるのかを事前にしっかり把握しておくべきです。

　本項では小学校の事例を示しましたが、授業支援システムであるミライシードは中学校や高等学校でも大いに活用することが期待できるでしょう。

〈佐々木　雄大〉

3　スクールタクトによる学級状態の把握

　学級経営において学級状態の把握は欠かせません。しかし、教員も人間であるがゆえに、学級における児童生徒の関係を見る際に偏見が入ってしまうこともあるでしょう。本項は、授業支援システムでのデータによる可視化で学級状態を把握するための実践例です。

⑴　授業実践の概要

　教員が学級状態を把握することによって児童生徒が学習に集中できる環境を整えることができます。例えば、児童生徒が不安やストレスを抱えている場合はその原因を特定しサポートを提供すること、またいじめが発生した場合は早期に関与し解決することができます。

　スクールタクトは汎用的な授業支援システムの１つです。実践校における実践例には、保護者へのコミュニケーションの一環として学級通信の共有や、長期にわたる欠席児童との連絡などがあります。

　本項ではスクールタクトのログ分析について着目します。スクールタクトでは高度なログ分析が可能で、スクールタクト内で誰が誰のシートを閲覧したのか、またよいと評価したのか、「発言マップ」という機能を活用することで可能になります。これによって、授業内の生徒同士のコミュニケーションが視覚的に明確になり、より多角的に児童と学級を理解することができると考えます。また、児童のパーソナリティや人間関係の理解の一助にもなり得ます。

　この発言マップを時系列で見ることによって、学級状態の変化を客観的

図4-11　スクールタクトを使って授業を受ける児童

にデータとして見ることができます。以下発言マップの活用例を紹介します。

　図4-12は学級が開かれてすぐの5月上旬に、共同閲覧モードを利用した授業の際の発言マップです。一方で図4-13は7月下旬において、共同閲覧モードを利用した授業の際の発言マップです。

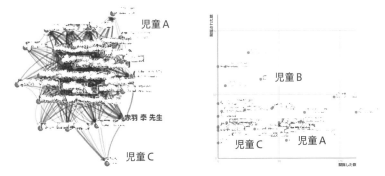

図4-12　5月上旬の発言マップ

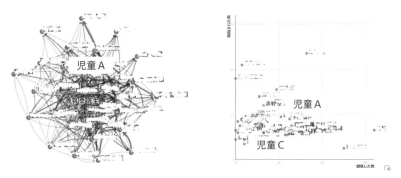

図4-13　7月中旬の発言マップ

　これら2つを見比べると、学級の中心となる児童に違いが生じていることが分かります。

　第1例目は4月に転入した児童Aに着目します。図4-12の児童Aは発言マップ上で閲覧された数が少ないことが見て取れます。このことから、児童Aがまだ学級に馴染めていないことが推測されます。そこで担任から見てもクラスの中心的存在で、発言マップ上の閲覧された数が多い児童Bの隣りに席替えしました。その後、児童Aはすんなりと学級に馴染むこと

ができました。図4-13右の発言マップにおいても閲覧された数の増加が示されていました。

　第2例目は児童Cについて着目します。児童Cの発言マップを確認すると、授業内において他児童のシートを閲覧した数が0でした。実際、普段の授業でなかなか議論に参加できない様子が見られました。そこで児童Cの協働性を育成する一助として、他児童のシートを見ることも学習課題であるという旨の声かけを段階的に行いました。その結果、他児童のシートを閲覧する数が増えました（図4-13）。

　このように、児童一人一人の閲覧履歴を確認することで、客観的なデータに基づく学級全体の実態把握が可能になり、これを踏まえた学級経営が可能になります。

⑵　授業実践の成果と課題

　本実践では、児童の変化をデータに基づいて正確に把握できました。しかし把握しただけでは大きく変化することはなく、その後の教員の対応が最も重要です。上記2つの活用例では改善が見られましたが、全ての場合に期待することはできません。正確な学級状態の把握と、改善のための支援はセットで捉える必要があります。

　また他にも、発言マップを1週間ごとや3日ごとという短い期間で見ることによって、児童一人一人への理解がより深まるでしょう。

　課題としては、スクールタクトの使用上のルールを教員や保護者、児童生徒全員が理解しなければならないということです。特に本項で紹介した発言マップは非常に高度な個人情報であるともいえます。そのため教員は個人情報保護条例に沿った、情報漏洩防止の対策が必要です。

　また本実践は小学校において行われましたが、スクールタクトの発言マップは中等教育においても効果を発揮すると考えられます。中学校・高等学校では教科担任制となり、学級状態を把握する難易度が小学校より高くなります。他教科で生徒がどのように学習に取り組んでいるのかをデータとして見ることができることから、中学校や高等学校でも高い効果が期待できます。

〈赤羽　泰〉

4　eポートフォリオを活用した授業実践

　令和の日本型学校教育では「個別最適な学び」と「協働的な学び」の一体的な充実が求められています。その実現には児童が見通しをもって授業に取り組むことができるように自己の成長の過程を記録し、見返すことが重要だと考えます。本項ではその実現に向けeポートフォリオを活用する授業実践を紹介します。

(1)　授業実践の概要

　授業実践は横浜市立小学校第4学年児童35名を対象にした図画工作科単元名「コロコロガーレ」です。本実践は「個別最適な学び」と「協働的な学び」の一体的な充実のために、表現学習と鑑賞学習の一体化を目指し実践しました。授業者は阿部友紀子先生です。本単元は立体の迷路を作成する活動であり、1・2時限目では学習の計画を立て作品の土台を制作しました。続く3・4時限目では支援として教員がポートフォリオ内に用意した作成方法の動画を見ながら迷路を作成しました。この際、実物はいつでも見られるよう教員の机上に用意しながらも、動画でも作成方法を見ることができることが、技能面の補助になります。その後5・6時限目において他の児童の作品や制作方法を参考にしながら迷路の作成を続けました。最後に7・8時限目においては完成した作品を互いに鑑賞しました。

　本項においては特に5・6時限目の制作過程について紹介します。

　まず、児童は本単元を通して作品の制作中、随時写真を撮影し自分の作品の制作過程を記録しました。毎時間の終わりに、eポートフォリオ（図

図4-14　授業で使用されたeポートフォリオ

4-14）に作品の内容や工夫した点や感想などを記入し写真を添付しました。

　本項で取り上げる5・6時限目では、最初に教員が前時において制作された児童のeポートフォリオをクラス全体に紹介しました。児童は制作を行いながら順次、他の児童の作品やeポートフォリオを鑑賞しつつ自らの制作を行いました。その際に、興味をもった点や疑問に感じたことを他の児童に質問し、自分の作品に生かす姿が見られました（図4-15）。また、授業の終盤、各自eポートフォリオに記入することで振り返りを行いました。

図4-15　他児童の作品を参考にする様子（左）と学び合う様子（右）

⑵　本授業実践の成果と課題

　本実践では、eポートフォリオを活用した授業実践の成果として、個別最適な学びと協働的な学びを共に達成できたと考えます。

　まず個別最適な学びとしては、自分の作品制作や学習の進度を自ら計画することが容易になったことが挙げられます。本単元において児童は、他の児童の制作過程と自分の作品を比べることで、自身の制作計画の改善をしました。その制作計画の下で更なる工夫を重ねたり、休み時間を利用して追加の時間を設けたりして、自分で制作時間の調整していました。これはeポートフォリオを使用した結果、児童が計画の評価、改善、実行つまりPDCAサイクルを回すことができたということではないでしょうか。また教員側もeポートフォリオを参照することで、児童に合った支援が可能になり、個別最適な学びが実現できるでしょう。

　次に協働的な学びとしては、児童が互いの作品を共有することにより、対話が増え、その対話から自身の作品を更に深められたことが挙げられま

す。具体的には、児童が進んで他児童のeポートフォリオを見たり、他の児童のところへ行って、その作品のよさを取り入れたりして、自己の作品に生かしていく様子がうかがえました。

　一方で、eポートフォリオを活用した授業での課題は2点挙げられます。

　1点目はeポートフォリオの記録に時間がかかってしまう点です。端末への文字入力に慣れていない児童がいる場合、入力の仕方を工夫するとよいでしょう。具体的には音声入力や手書き入力、キーボードの入力に当たってもフリック入力を導入するなど、児童に合った入力方法を考えるとよいでしょう。

　2点目は作品の独自性を見失ってしまう可能性がある点です。本実践に際して、他の児童の作品に影響され過ぎてしまい、作品に対する自分の見方や感じ方を深める機会を損なってしまうというおそれが付きまとうでしょう。このことから、鑑賞の際にはあくまで参考にするものだと伝えることや、全く同じものを再現しようとせずに自分らしさを加えるよう伝えることといった配慮が必要であると考えます。

　また、本実践を評価する際に注意すべき点があります。eポートフォリオでは児童の作品の制作過程の全てを見ることはできません。そのため、eポートフォリオはあくまで評価の一助として使用し、教員自身の目で児童の評価を行うことが大切です。

〈鈴木　晴・赤羽　泰〉

第 5 章

プログラミング的思考とコンピューティング

この章では、プログラミング的思考とコンピューティングに係る教育の概要及びその活用の姿を明らかにします。

第1節 プログラミング的思考の本質

1 プログラミング的思考

　2016（平成28）年に中央教育審議会の教育課程部会教育課程企画特別部会から、「小学校段階におけるプログラミング教育の在り方について（議論の取りまとめ）」が公表され、小学校でのプログラミング教育が実施されています。そこでは、プログラミング教育やプログラミング的思考を表5-1のように定義しています。

表5-1　プログラミング教育とプログラミング的思考の定義

プログラミング教育	子供たちに、コンピュータに意図した処理を行うように指示することができるということを体験させながら、将来どのような職業に就くとしても、時代を超えて普遍的に求められる力としての「プログラミング的思考」などを育成するもの
プログラミング的思考	自分が意図する一連の活動を実現するために、どのような動きの組合せが必要であり、一つ一つの動きに対応した記号を、どのように組み合わせたらいいのか、記号の組合せをどのように改善していけば、より意図した活動に近づくのか、といったことを論理的に考えていく力

　ここでは、プログラミング的思考はいわゆる「コンピュテーショナル・シンキング」（以下「CT」）の考えを踏まえつつ、プログラミングと論理的思考との関係を整理したものとされています。このCTとは日本語では計算論的思考と呼ばれ、「人間や機械であるコンピュータが効果的に働くように、問題を定式化し、その解決策を表現するための思考プロセスであ

る」（Wing, 2014）と定義されています。

　また、文部科学省は、2017・18（平成29・30）年に告示した小学校、中学校、高等学校の学習指導要領に基づいた児童生徒の資質・能力の育成に向けて、ICTを最大限に活用することを求めています。その意図は、これまで以上に個別最適な学びと協働的な学びを一体的に充実し、児童生徒が正解のない課題を解決する資質・能力の獲得ができるような、主体的・対話的で深い学びの実現に向けた授業改善につなげることです。このように個別最適な学びにおいて、児童生徒が自らの意図に基づいた課題解決の経験を積む中で、プログラミング的思考の育成を図る授業の実施が求められています。

　プログラミング的思考では、一つ一つの動きに対応した記号をどのように組み合わせるか、その改善によってよりよい活動に近付くのか検討することが必要です。学習者がプログラムを作成してそのバグを経験し、それらをデバッグ、すなわちバグを取り除いていく、この一連の活動こそがまさにプログラミングです。小学校学習指導要領解説では、第5学年算数や第6学年理科、総合的な学習の時間でプログラミングの学習活動が例示されています。迷路を通り抜けるようにロボットを制御する作業や画面上のアイコンで図形をかく作業など、ゲーム感覚で学べる教材・教具が多く開発されています。このうち本項では、マサチューセッツ工科大学（MIT）の教育研究所が中心となって開発した、ビジュアルプログラミング言語及びその開発環境であるScratchの背景となるプログラミング的思考について述べます。

　Scratchは具体的な構文が日常会話に近く、新たな命令も自ら作成できるなど、知識やアイデアを構築し続けられる特徴があります。Scratchは、ミッチェル・レズニックらが開発したプログラミング言語ですが、元をたどれば1970年代に開発されたLOGOの改善版ともいえ、LOGOの開発精神はScratchに継承されています。

　LOGOの筆頭開発者はシーモア・パパートです。彼は子供の思考に興味をもった数学者であり、ジャン・ピアジェらと研究を重ねた心理学者でもあります。パパートは、学習者がプログラミングを意識しないで目的を

達成する過程において、汎用的な概念をも形成する可能性を秘めていると考えていました。パパートが率いるLOGO開発チームは「数学や自然科学から来る強力な概念を、子供が個人的な力を行使する道具として用いることができるに違いない」という理念をもって開発に当たっていました。この理念の根底には、ピアジェの「子供は教えられないでも非常に多くを学ぶ」という考えがあるのです。

　パパートはその著書『マインドストーム』の冒頭で、彼が幼少だったころ，複雑に動く歯車の様子に強い興味をもち、その仕組みを知りたいと思ったときのことを述懐しています。複雑に動く歯車の動き方を理解しようと試行錯誤するうちに、彼は自分が歯車になったつもりになって、その動きの中に自分を投入し、模擬的に歯車と一緒に回ることで、歯車の動きをすっかり理解できたというのです。パパートは、歯車と自分を同化した経験が、その後の学習の根幹として重要だったとも述べています。彼は、学習者がLOGOで図形をかこうとするとき、向きを明確にした鉛筆の代わりをするタートル（亀のアイコン）と同化して、プログラミングやバグの修正を繰り返す思考が重要であり、必要不可欠だと指摘しています。

正三角形	正三角形
前進 100cm	3 回繰り返せ
右へ 120° 回転	前進 100cm
前進 100cm	右へ 120° 回転
右へ 120° 回転	終わり
前進 100cm	
右へ 120° 回転	
終わり	

図5-1　正三角形の作図プログラム

　図 5-1 のプログラムは、正三角形をかくプログラムの 1 つです。パパートは、学習者がこのプログラムを完成するまでの過程をつぶさに観察し、多くの学習者が回転する角度を 60° と考えてしまうことを指摘しています。このときに学習者がデバッグを繰り返しながら、主体的にタートルと同化していければおのずと外角に着目していくことも指摘しています。学習者が亀と同化して正三角形をかこうとするとき、学習者は床の上を歩いて確

認することもできます。亀と同化して正三角形をかくことによって、学習者は正三角形の定義や性質も認識しながら、自分の考えに沿って正三角形のかき方をプログラムできるようになるのです。パパートは、学習者がうまく動くプログラムがつくれたときに、その世界を支配した経験をすると考えていて、一連の経験を「マイクロワールド」と名付けています。図5-1左のプログラムで、学習者は「終わり」の前の「右へ120度回転」の命令は、なくても正三角形はかけてしまうと考えがちです。学習者が亀をスタート地点の位置と向きに戻らなければ閉図形が完成しないと認識することが必要ですが，亀と同化していると抵抗なく理解できます。ここまで到達できれば、閉じた図形の外周を移動する亀の回転角の合計は360°になることを帰納的に見いだせるマイクロワールドにつながります。

パパートは、一部の学習者が図5-1左のプログラムに同じ繰り返しの命令があることに着目し、図5-1右のように改善することがあると指摘しています。このように「マイクロワールド」は学習者の意思で新たな「マイクロワールド」に洗練されることがあるのです。

パパートやレズニックらは、まさに学習者が主体的にプログラミング的思考を推し進めていく環境を提供し続けているといえるでしょう。この学習環境は、個別最適な学びにも直結していると考えられます。

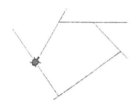

図5-2　五角形の描画

LOGOやScratchは、学習者がプログラミング的思考を獲得できるように仕組める言語ですが、単にその思考を獲得するだけでなく、科学における汎用的な諸概念の獲得を促しているといえるのです。まさに我が国のプログラミング教育の礎といえるでしょう。

〈金児　正史〉

2　ビジュアルプログラミング言語

⑴　定義と特徴

プログラミング言語とは、コンピュータへの処理の命令をする際に使用する言語で、大きくビジュアルプログラミング言語とテキストプログラミング言語（以下「ビジュアル型」と「テキスト型」）の二つに分けることができます。ビジュアル型は、主にブロックと呼ばれる絵や図を用いるプログラミング言語です。一方、テキスト型は、主にアルファベットや数字などの文字を用いて入力するプログラミング言語を指します。ここでは特徴を捉えやすくするために、それぞれを対比させながら説明していきます。

プログラミング的思考を育成するという視点で考えた場合、ビジュアル型の特徴の１つとして、テキスト型よりも簡単にプログラムをかくことができる点が挙げられます。図5-3と図5-4はそれぞれ、「おみくじ」をビジュアル型とテキスト型でプログラミングしたものです。どちらも結果として、同じ動きをします。

ビジュアル型ではコード、すなわち文字や記号、数字などをコンピュータが識別するためにまとめられたものがブロックになっています。これを

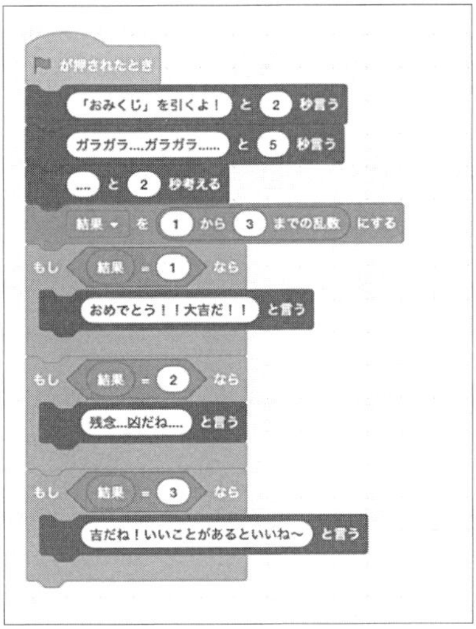

図5-3　おみくじのプログラム（Scratch）

MainModule.java

```java
package scratch_vs_java;

import java.util.Random;

public class MainModule {

    public static void main(String args[]) {

        try {

            System.out.println("「おみくじ」を引くよ！");
            // 2秒間待つ
            Thread.sleep(2000);

            System.out.println("ガラガラ...ガラガラ...");
            // 5秒間待つ
            Thread.sleep(5000);

            System.out.println("...");
            // 2秒間待つ
            Thread.sleep(2000);

        } catch (InterruptedException e) {
            e.printStackTrace();
        }

        // 乱数で結果を取得する
        Random rand = new Random();
        int result = rand.nextInt(3);

        // 結果を判定する
        if (result == 1) {
            System.out.println("おめでとう！！大吉だ！！");

        } else if (result == 2) {
            System.out.println("残念...凶だね....");

        } else {
            System.out.println("吉だね！いいことがあるといいね～")

        }
    }
}
```

図5-4　おみくじのプログラム（Java）

ドラッグ＆ドロップするだけで、容易にプログラミングができます。対して、テキスト型ではプログラミングするためにいくつものコードを学ぶ必要があり、プログラミングを始めるまでに多くの時間を要します。

　これらの特徴からすると、ビジュアル型はテキスト型に比べて言語の習熟という手段に時間をかけず、よりプログラミング的思考の育成そのものに時間をかけることができるでしょう。またビジュアル型は、コードの打ち込みによるエラーが出ないという特徴もあります。テキスト型では、コードを打ち込む際に誤字脱字があるとエラーが出て処理が適切にされない場合があります。この点でビジュアル型は、一つ一つの動きに対応した記号の組み合わせやその改善といった試行錯誤に時間をかけることができ、よりプログラミング的思考の育成に重点を置くことができるでしょう。

⑵　種類と特徴

　ビジュアル型の中にもいくつかの種類があります。本項ではその説明のために、便宜上3つに分けて紹介します。また前提としてプログラミング言語とそれを扱うソフトウェアを厳密に区別せずに説明します。

①　ブロック型言語

　ブロック型言語とは、絵や図としてまとめられたコードをブロックのように積み重ねてプログラミングする言語です。その例として、Scratchやプログラミングゼミなどがあります。これらは、手順に従って順番に処理を行う順次処理や指定

図5-5　キャラクターが左右に行き来するプログラム（Scratch）

した手順を繰り返す反復処理といった、プログラムが視覚的に分かりやすい傾向にあります。例えば図5-5であれば、上から「スペースキーが押されたとき」「回転方向を左右のみにする」「ずっと」「10歩動かす」「もし端に着いたら、跳ね返る」の順に処理されます。これが順次処理です。また「ずっと」というブロックが反復を命令するブロックであり、これに

挟まれた「10歩動かす」「もし端に着いたら、跳ね返る」が繰り返され続け、画面上でキャラクターが左右に行ったり来たりします。ブロック型言語は「ずっと」のように1つのブロックに反復する命令をまとめることができ、反復処理が視覚的に分かりやすい場合が多くあります。

② フロー型言語

フロー型言語とは、主にブロックを線でつなげることでプログラミングする言語です。フロー型言語の例として、MESHや、embotなどがあります。これらの特徴は線で表すことで、分岐処理が視覚的に分かりやすい点や、並列処理が分かりやすい点にあります。しかし、必ずしも分岐処理が分かりやすいわけでもありません。図5-6は、一見すると線が分かれているため、分岐しているように見えます。しかし、実際はボタンを押すと、LEDを点灯しながらカメラを点灯させるプログラムになっています。フロー

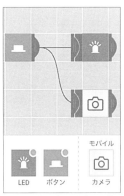

図5-6 並列処理を扱うプログラム（MESH）

型において、分岐処理が視覚的に分かりやすい場合は、線に記号が付いていたり、線の色が違っていたりなど、線自体に意味がある場合です。

③ 独自ルール型言語

独自ルール型言語とは、ブロック型言語やフロー型言語には当てはめることのできない言語を指します。独自ルール型の例としてはViscuitやSpringin'などが挙げられます。独自ルール型の特徴は特定のプログラミングに特化してい

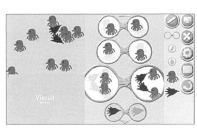

図5-7 タコのプログラム（Viscuit）

ることが多い点です。例えば、Viscuitは自分のかいた絵を動かすことに特化した言語で、メガネという機能に、自分のかいた絵を入れることでプログラミングをします。図5-7では、タコの絵が上下に動き、タコ同士でぶつかると、墨を吐くプログラミングです。Springin'は絵をかくだけ

でなく、図5-8のような、かいた絵に重力無効や物理無効などの様々な属性を付与するアイコンの機能があります。したがって簡単なゲームがつくりやすい言語です。これらの独自ルール型は、プログラミングをする際に文字を使用しない場合があり、幼児教育や特別

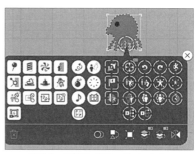

図5-8　属性アイコン（Springin'）

支援教育において使用される例もあります。しかしその場合、ブロック型やフロー型のようにプログラム全体の構造が見えづらいという欠点もあります。

(3)　展望と課題

　このように様々なビジュアル型が現存しています。これらは日々更新がされており、更新後には使い勝手が大きく変わってしまうこともあります。また1つの言語に限定せず、目的に合わせて様々な言語に触れることもプログラミング的思考を育成する上で大切です。ビジュアル型はコードがブロックとしてまとまっているため、初心者が比較的扱いやすい言語といえるでしょう。しかし、例えば正三角形をかく際は外角の120°をプログラミングに入れる必要があります。内角が60°であることから誤って値を入力しないよう視点を定めることが大切です。

　また、ブロックでまとめられていることから、テキスト型ほどの自由度がありません。オランダにあるTIOBEが行った、世界におけるプログラミング言語の人気度に関する調査によれば、2023年8月時点で一番ランクが高いビジュアル型でさえ11位であり、上位10位までが全てテキスト型です。実社会においてテキスト型が多く使用されている点からも、テキスト型と互換性のあるビジュアル型の開発が進んでおり、ビジュアル型から徐々にテキスト型へとつなげていくことが大切でしょう。

〈梅宮　亮〉

3 アンプラグドプログラミング

アンプラグド（unplugged）とは、直訳すると「電源プラグを抜いた」という意味で、本書の文脈においてはコンピュータを利用しないことを意味します。したがって、アンプラグドプログラミングとは、素朴にはコンピュータを利用せずにプログラミングを行うことを意味しており、一見すると奇異な印象をもつかもしれません。このアンプラグドプログラミングは、まだコンピュータを十分に使えないような低学年の子供たちによる活動なのでしょうか。決してそうではありません。コンピュータを使わずとも、それを使った場合と同様な思考が育めることは、学年によらず有益な面があります。このことを理解するために、「プログラミング的思考」の意味を考えてみましょう。

実は、「プログラミング的思考」という用語はほとんど我が国でしか用いられていない用語です。そこには、分解、抽象化、アルゴリズムといった要素が含まれています（Stephens & Kadijevich, 2020）。特にアルゴリズムはプログラミング的思考にとって重要になってきます。アルゴリズムとは、入力に対して有限回の試行で結果が出力できる手順のことを指します。そこには、結果がないという結果の出力さえ含まれています。このアルゴリズムに関するアンプラグドプログラミングとして、例えば、ユークリッド互除法（Euclidean Algorithm）の例が挙げられます。実際に、互除法はコンピュータ使用を特に前提とせず高等学校で指導されています。このように、プログラミング的思考の育成において、コンピュータ使用を必ずしも必要としない場合もあるのです。その他に、アンプラグドプログラミングの具体例として「辞書掲載順序の特定」について考えてみます。「ある単語が辞書のどこに掲載されているかを特定する手続きをつくろう」という活動を設計することにしましょう。まずは辞書を引く過程を振り返って、行為を分解してみることが求められるでしょう。その上で各々の行為を抽象化し、それを一定のアルゴリズムとして構成することになります。そこで、「入力された単語が辞書の何番目に掲載されているか」を特定するアルゴリズムを考えてみます。ここでは、一般的な辞書のように単語はソー

トされてあるものとします。最も簡単に考え付くアルゴリズムは「入力された単語と辞書の単語を冒頭から順番に比較していく」というものです。これは線形探索法ともいいます。次のアルゴリズムとして、「調べている範囲の真ん中の単語と入力された単語を比較し、入力された単語が範囲の真ん中の単語より前にあるか後にあるかを特定する」手順を考えます。また、「特定した新しい範囲について、入力された単語がその真ん中の単語より前にあるか後ろにあるかを特定する」手順を考えます。こうした「この調べ方を特定した範囲に対して繰り返す」というアルゴリズムを二分探索法といいます。上記のように日常言語で書くと冗長で理解しにくく、これを誤解なく簡潔明確に表したいと思うことで、記号化の過程に進めることができますし、またその記号で書かれたアルゴリズムを読み取る活動もそこから生じることになります。また、それらのアルゴリズムの効率などを数学的に検討する活動も重要です。

　このようなアンプラグドプログラミングですが、「せっかくならコンピュータを利用したほうが、よりよく指導できるのではないか？」という疑問が頭に浮かぶかもしれません。しかし、コンピュータにプログラミングするには、使用するプログラミング言語をある程度習得しなければなりません。その制約を省みれば、アンプラグドな活動のほうが、プログラミング的思考を育む自由度が高いとさえいえます。すなわち、アンプラグドプログラミングとは、プログラミング的思考の特定の側面を集中的に育むという教育目標のために意図的かつ積極的にコンピュータを用いない学習活動であるのです。もちろん、アンプラグドプログラミングは道具を揃える必要がなく、場所を選ばないという指導上のメリットもあります。

　上記の辞書引きのような複雑な事象やユークリッド互除法のような純粋に数学的な事象も、どちらもアンプラグドプログラミングとして有益であり、バランスよく取り上げることが大切です。プログラミング的思考を育てるという教育目標に沿った適切な教材選択が求められます。

〈早田 透〉

1 Scratchによる言語表現のアニメーション化の実践

　本項は、NPO法人みんなのコードが実践したビジュアルプログラミング言語Scratchを活用した授業を事例として、プログラミング的思考の学習過程について考察します。

(1) 授業実践の概要

　授業は愛媛県の公立小学校第5学年を対象に全4時限で行われました。国語科の単元「季節の言葉」における「秋の夕暮れ」であり、ビジュアルプログラミング言語Scratchを用いた授業です。4人に1台程度のパソコンと掲示用の電子黒板が用意されているパソコン教室で実践が行われました。

　本授業では「枕草子」につづられている秋の風景について、Scratchを用いたアニメーション化を進めました。プログラミングを通して古文独特の表現や一つ一つの言葉の意味に着目したり、間を意識したりしながら清少納言が書き表した情景についてより深く考えることを企図しています。なお、本実践の評価規準は表5-2のようになります。本時では、学びに向かう力、人間性等については主たるねらいには含まれないと考えられます。

表5-2　現行の観点に準拠した評価規準

知識・技能	思考・判断・表現
・言葉が表す感覚や様子を理解している。 ・大体の意味や情景を思い浮かべている。	・語彙や言葉の使い方を意識して文章を書いている。 ・プログラミングによって、文章の情景を適切に表現している。

　本単元の展開として、1時限目は「枕草子」につづられている秋の風景や秋に関する季節の言葉について学習しました。続く2・3時限目は「枕草子」につづられている秋の風景をより深く読み取り、Scratchを用いてアニメーションを制作しました。4時限目には、まとめとして自分の感じ

る秋らしいものや様子を文章に書き表しました。本項では2・3時限目に行った、「枕草子」につづられた秋の風景をより深く読み取り、Scratchを用いてアニメーションを制作する段階について詳しく説明します。

　本時の授業は、文章に表されている情景や様子についてより考えを深めることを目標として行われました。具体的には、まず「枕草子」の秋の風景について振り返り、教員がScratchで制作した「枕草子」のアニメーションの試作品を見ました。次に「清少納言の見た秋の風景を、Scratchを用いて動画で表すにはどうしたらよいだろうか」をめあてとして、その試作品をどのように改良したらよいかについて話し合いました。このとき、教員は「枕草子」につづられている言葉に着目し、言葉の意味を考えることで情景を思い浮かべられるよう支援を行いました。その後、思いどおりに登場人物を動かすための命令の仕方について学び合いながらプログラムを改良しました。教員は、児童がプログラムを改良していく際に必要と思われる素材を用意し、適宜提示して支援を行いました。最後に完成したアニメーションと工夫したところを発表し、更に改善したい点について話し合いました。

図5-9　試作品のプログラミング画面（左）と児童の作品（右）

(2)　本授業実践の意義と考察

　本項で紹介した実践は、国語科としてだけでなく、プログラミング的思考の育成としても大変意義のあるものだと考えます。

　まず国語科における意義としては、プログラミングによってアニメーションを制作することで言葉の意味理解を深められることが挙げられます。「枕草子」につづられている風景をアニメーションで的確に表すためには、

一つ一つの言葉に着目してその風景を想像することが大切になります。そのため児童は、烏や雁はどのくらいのスピードで飛んでいたのだろう、清少納言が見た風景はどのようなものだったのだろうなどとイメージを膨らませます。そしてそのイメージを基に、プログラミングによってアニメーションとして表現します。児童の感想の中に「プログラミングをしてみて、すごく言葉の意味を考えたと思います」という言葉がありました。アニメーションを制作するためには言葉の意味を正確に理解する必要があるという点で、本実践は国語科として価値のあるものといえるでしょう。

　またプログラミング的思考の育成において、教員による試作品を基に、児童が限られた素材から自分たちが解釈した「枕草子」の風景をプログラミングによって積極的に表現することに意義があります。本実践では、グループ作業を行いつつも各々が独自の「枕草子」を制作しました。試作品と自分の解釈する「枕草子」の風景の違いを見付け、ブロックや数値を変更して意図した動きに近付けるために試行錯誤を重ねる過程で、プログラミング的思考の育成が期待できます。

　本項では、Scratchによる言語表現のアニメーション化についての事例を紹介しました。他にも、場面ごとに作成したアニメーションをつなげて小集団で1つの物語を仕上げたり、個人やペアで1つの作品をつくったりするなどのアニメーション化実践も考えられます。今回は小学校での実践を紹介しましたが、Scratchによる言語表現のアニメーション化は、テーマや実践形態を変えることで中学校や高等学校での活用も可能でしょう。

〈横山　佳穂〉

2 プログラミングゼミによる総合的な学習の時間の実践

　教員にとってプログラミングはハードルの高い内容です。そこで本項では、児童のサポートに注力し、プログラミング自体の指導は行わない実践を試みました。教員の意識が「知らないことは教えられない」から「子供たちと楽しみながら学ぶ」ことへと変わる機会となる活動の例となればと思います。

(1) 本授業実践の概要

　授業実践は横浜市立小学校第6学年児童33名を対象に行いました。総合的な学習の時間において「お世話になったまちの人や商店街の人たちへの感謝や恩返しがしたい！」という地域愛について学習しました。商店街や自分たちの町を見つめ直すために実際に歩いてみると、まだ知らない場所や実際に何をしているか分からない場所の存在に気付きました。そこで取材を行い、それを通して商店街はインバウンド計画を立案していること、また区役所が、留学生会館と地域とのつながりを模索していることが分かりました。これをきっかけとして、商店街と留学生会館の「懸け橋」になれないかという児童の思いから学習がスタートしました。

　この「懸け橋」になるためのポイントが言葉の壁でした。児童は、言語よりもアニメーションのほうがより多くの人に自分たちのメッセージを伝えることができるのではないかと考えました。そのため、交流会を開催し自分たちのアニメーションを流すことで、言葉の壁を乗り越えられるように児童たちは考えました。交流会を通して自分たちの活動は「懸け橋」になるためであることを再確認し、児童は留学生会館の人と協力して活動することを通して商店街との距離を縮めることが大切であることに気付き、これからの活動が見えてきました。

　本実践は、DeNAが開発したプログラミングゼミを利用しました（図5-10）。プログラミングゼミは、小学校の低学年からも実施できる直感的な操作性が特徴のアプリケーションです。

　実践に当たって、アニメーション制作の初回は開発会社の社員の方に授業をしていただき、基本的な操作を学びました。その後は、児童自ら試行

錯誤しながら活動を行いました。教員は個別に知識を教えることは一切せず、児童の試行錯誤を支える役に徹しました。この活動の中で児童は進んでプログラミングのコツや技を共有するようになりました。そこで、プログラムを書いて掲示し、

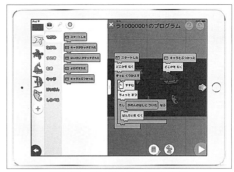

図5-10　プログラミングゼミ画面

いつでも誰でもプログラムを見ることができるよう情報の共有を行いました（図5-11）。例えばキャラクターの回転に成功したら、それを他児童が再度試行錯誤しなくて済むようにプログラムを掲示し、まねてもいいよう情報の共有を行いました。また掲示だけでは分からないことなど、個人的に質問に行く姿や、困っている児童の相談に乗る場面が増えました。

　教員は、どの子が何をできるようになったのかを巡回して確認しました。更に、プログラムができている子と困っている子をつなぐ役を担いました。

図5-11　壁掲示で情報共有（左）、作者に直接聞く（右）

⑵　授業実践の成果と課題

　授業時間は計77時間で、完成したプログラムは商店街の皆様や市議会議員や教育委員会の教育長・指導主事などをお招きして公表会を行いました。完成したプログラムはネット上でも公開され、現在もプログラミングゼミのアプリから見ることもできます。最後までこだわっていた児童にとっては、まだまだ納得のいく作品ではなかったかもしれません。しかし有

限の時間の中で、今できることを精一杯使って生み出した作品なので、教員も児童も達成感のある活動だと感じましたし、達成感を感じることが授業実践の成果の1つであると感じます。

　また、プログラミングとは直接関係はないものの、アニメーション制作活動を通して地域の方とのつながりが得られ、地域に関する学びにつながったことも成果であると考えます。更に商店街のマスコットをプログラミング中に利用したいという児童の意見から著作権を知り、その使用に関する許諾を得るための活動まで発展したことも成果です（図5-12）。

　自分たちの学校での学びが地域や社会、更には法律に関することに及んで関係があるという体験は、子供たちにとって大変有益であったと感じました。

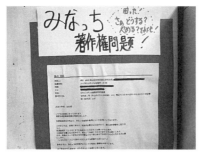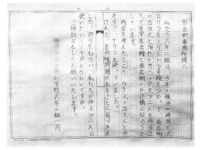

図5-12　キャラクターの著作権問題と許諾への活動

　小学校のプログラミング教育では、プログラミング的思考の育成が教育目標です。したがって、指導や教授といった考え方からすると、いわゆる「教えたく」なってしまうのが我々教員の性（さが）なのではないでしょうか。しかし、ことプログラミングに関しては、児童を信じて試行錯誤の時間をたっぷり取ってあげ、学ぶことに対する自己効力感や、友達と相談しながらことを成すことの達成感を得るよい機会だと今回の教育実践を通じて感じました。

　「先生だって知らないこともあるよ。だからみんなと学ぶんじゃないか」と学びの喜びを子供たちと共有できたらと思いました。

〈益山　正広・山本　光〉

3　アンプラグドプログラミングによる授業実践

　パソコンなどのICT機器を使用せずにプログラミングによって培う見方や考え方を学ぶ活動があります。本項ではそのアンプラグドプログラミングについて授業実践の一例を紹介します。必ずしも情報機器に触れずとも試行錯誤や体験的活動によってコンピュータの仕組みに子供たちの興味・関心が惹き付けられる様子を報告します。

⑴　授業実践の概要

　授業実践は東京都の私立小学校第2学年児童33名を対象に行いました。授業者は赤羽泰先生です。授業課題は「はみがきのプログラミングをかんがえよう」として、歯磨きの順番をプログラミングとしてワークシートに書き込み、そのとおりに友達と命令ゲームを行う活動です。本実践は以下のように展開しました。

① 　歯磨きの動きを細分化して順番を付ける

　まず、普段している歯磨きをできるだけ細かい動きに分け、その動きに順番を付けて児童一人一人がワークシートに書き出します。

② 　2人1組になってプログラムを命令・実行する

　次に、2人1組になって1人が命令役、もう1人が実行役になります。命令役は自分がワークシートに書いたプログラムを実行役に一つ一つ順番に指示して行わせます。実行役はあくまでも言われたとおりに実行します。ひととおり行ったら、命令役と実行役を交代して同じ活動を行います。

③ 　うまくいった児童のプログラムを教員に対して命令・実行する

　①②の活動の後、2人1組の状態でプログラムがうまく実行できたかを児童に問います。すると、複数の児童が完璧にできたと主張しました。しかし、児童同士の実践では互いに思い付いていないことや、見過ごしてしまうところがありました。そのため教員に対して命令・実行を行い、改めて修正点を明確にしました。

④ 　プログラムの修正・改善を行う

　役割を交換してひととおりの活動が終わったら、普段どおりの歯磨きができていたかを2人でワークシートを見ながら振り返って、プログラムを

はみがきのプログラミングをかんがえよう		はみがきのプログラミングをかんがえよう
2年2組　　ばん　名前		2年2組　　ばん　名前

#	（左）	#	（右）
1	せんめんじょにいく	1	せんめんじょにいく
2	でんきをつける	2	電気をつける
3	しはぶらしとはみがきこを持つ	3	手をのばしてハブラシをとる
4	はぶらしにはみがきこをつける	4	じゃぐちを右にひねる
5	歯をみがく	5	ハブラシを水につける
6	口をゆすぐ	6	じゃぐちを止める
7	もう一回歯をみがく	7	ハミガキコをとる
8	口をゆすぐ	8	ハミガキコのゆうたをとる
9	かがみできれいかチェックする	9	ハブラシにハミガキコをちょっとつける
10	もしきたなかったらもう一ど歯をみがく	10	口の中にハブラシを入れる
11	もういちどかがみできれいかチェックする	11	はをみがく
12	きれいだったら口をあらう	12	口の中からハブラシを出す
13	タオルで口をふく	13	コップをもつ
14	でん気をけす	14	じゃぐち右にひねる
15		15	コップに水をいれる
16	へやにもどる	16	口の中にコップに入った水を入れる
17	はをみがきました！！	17	はをみがきました！！

図5-13　児童の組んだ歯磨きのプログラミング

図5-14　アンプラグドプログラミングの様子

修正していきます。特に、抜けていた指示があれば、なぜそれが抜けてしまったのかを理由とともに考えます。その後、改めてプログラムをつくりました。

(2) 授業実践の成果と課題

　本授業実践では、児童の日常生活での行動である「歯磨き」について順序思考を使ってアンプラグドプログラミングを行いました。その成果として、児童が本実践を通して、プログラミングが特別なものではなく、身の回りにあることに気付くことができました。現在、小学校では児童にプログラミング的思考を育むことが求められていますが、本実践のように、あ

る活動を細分化してできる限り曖昧さを省いた上で問題を解決する経験はプログラミングの基礎・基本の1つになるでしょう。

また、本実践を通して児童は相手に物事を伝えるということの難しさも学ぶことができました。実際に児童から「歯を磨くだけなのに難しかった」「いつものことなのに○○ロボ（隣席の児童）を動かすのは難しかった」といった反応が得られました。よって、本実践の副次的な効果として伝わる話し方を学ぶこともできました。

一方で、今後の課題としては以下2点が挙げられます。

第1に、児童がプログラミングを間違えた記録をどう残すのか、という点です。はじめから最善のプログラムを組めるわけではなく、授業でも対話を通してデバッグしていく過程をこそ大事にしました。しかし、多くの児童は自分の書いたプログラミングを修正する際に、前の記録を消しゴムで消してしまいます。その修正記録こそが学びの履歴として重要と考えるので、修正前の記録を残すように授業のルールを定める必要を感じました。

第2に、こうしたアンプラグドプログラミング活動を、タブレットやノートパソコンを利用した活動へとどのように対応させるのか、という点です。本授業で扱った「歯磨き」のような身近な生活に係る活動はアンプラグドな環境でこそ生きるのかもしれません。しかしプログラミングを学ぶに当たっては、パソコンやタブレット上の活動は欠かせません。

今後はScratch上でスプライトを動かすような活動に発展させることによって、よりアンプラグドな活動が更に生かされると考えられます。

〈依田　晴輝〉

第6章

STEAM教育とEdTech教材・教具

この章では、STEAM教育とEdtech教材・教具を概括した上で、ICT教育による次世代型の人材育成の姿を明らかにします。

第1節 STEAM教育の本質

1 次世代型の人材育成

(1) 中央教育審議会答申におけるSTEAM教育に関する提言

　2021年に公表された中央教育審議会答申「『令和の日本型学校教育』の構築を目指して～全ての子供たちの可能性を引き出す、個別最適な学びと、協働的な学びの実現～」では「STEAM教育等の教科等横断的な学習の推進による資質・能力の育成」が盛り込まれました。これは、2019年の「教育再生実行会議第11次提言」の中で「STEAM教育の推進」が掲げられたことを受けて、同答申にも反映されたものです。

　STEAMとは、Science、Technology、Engineering、Mathematicsの頭文字を取ったSTEM教育に端を発し、その後Artの頭文字Aを加えてSTEAMと呼ぶようになりました。Artは芸術という意味ですが、同答申では、「STEAMの各分野が複雑に関係する現代社会に生きる市民として必要となる資質・能力の育成を志向するSTEAM教育の側面に着目し、STEAMのAの範囲を芸術、文化のみならず、生活、経済、法律、政治、倫理等を含めた広い範囲（Liberal Arts）で定義し、推進することが重要である」（中央教育審議会, 2021）と述べているように、Aを広い意味で捉える必要があります。つまり、文系・理系といった二分法で分野を捉えるのではなく、分野や領域を横断的に捉えていく必要があります。

　前述の中央教育審議会答申では、STEAM教育について「高等学校における教科等横断的な学習の中で重点的に取り組むべきものであるが、その

土台として、幼児期からのものづくり体験や科学的な体験の充実、小学校、中学校での各教科等や総合的な学習の時間における教科等横断的な学習や探究的な学習、プログラミング教育などの充実に努めることも重要である」(中央教育審議会, 2021) とされています。このように学校教育では、小・中・高を通して、まずは「教科等横断的な学習」を推進することが重要であることが分かります。

⑵　学校教育でのSTEAM教育の実現

ところで、「教科等横断的な学習」が実現できれば、STEAM教育のねらいが達成できるのでしょうか。3つの視点から考察してみましょう。

1つ目は、例えば、STEAMのSは科学を意味しますが、そのSには、物理学、化学、生物学、地球科学、医学、薬学……といった数多くの学問分野・領域が該当します。しかし、その学問分野・領域と学校教育における教科・科目等とは、必ずしも一致はしません。つまり、無限に広がる興味の下で行われる真理の探究といった、本来学問がもつ性格と、学校での教科学習のもつ性格の間には、どうしてもギャップが生じてしまいます。

2つ目は、もともとイノベーションを推進する人材の育成のためにSTEAM教育が採り入れられたという経緯があります（詳しくは、大谷, 2021を参照）。イノベーションとは革新や変革といった意味ですが、それまで細分化していた各分野・領域の知識を分野・領域をまたいで援用することで、驚くほど進展することがあります。例えば、病院での手術はロボットが行う時代になりましたが、これを実現するには、医学というScienceの知識だけでなく、ロボットというTechnologyやEngineeringの知識が欠かせません。これにより手術での侵襲部位を減らすなど患者の負担低減、入院日数の削減などのメリットがもたらされるというわけです。

3つ目は、STEAM教育では、設計（デザイン）科学的な視点が欠かせないという点です。大谷（2021）は、「STEM／STEAM教育における問題解決的な学習では、Designに含まれる創造活動が重視されており、STEAM教育を検討する場合には認識科学と設計科学の相互補完が課題となる」と指摘しています。

以上のことからも、本来のSTEAM教育のねらいに迫るには、単なる

「教科等横断的な学習」だけでは難しいと考えられます。そこで「総合的な学習（探究）の時間」や「理数探究」などで、STEAM教育のねらいの本質に迫る実践を考えていく必要があるでしょう。

(3) STEAM教育の実践事例

国立研究開発法人科学技術振興機構（以下「JST」）の事業として、小学校5年生〜中学校3年生を対象とした「ジュニアドクター育成塾」があります。現在では、高校生向けのグローバルサイエンスキャンパス事業と一体化し、「次世代科学技術チャレンジプログラム」としてリニューアルされています。ジュニアドクター育成塾とは、「科学技術イノベーションを牽引する傑出した人材の育成に向けて、高い意欲や突出した能力のある小中学生を発掘し、さらに能力を伸長する体系的育成プランの開発・実施を行うことを支援」（JST, n.d.）とされ、特にSTEAM教育の実現が重要視されています。

筆者が勤務する島根大学でも、令和4年度にジュニアドクター育成塾事業に採択され、「しまだいジュニアドクター育成塾」として、5年計画で事業を実施しています。ジュニアドクター育成塾では、採択機関ごとに、STEAMのAを定義して事業を推進しており、しまだいジュニアドクター育成塾では、Aを「芸術も含む社会科学全般」と定義しています。

このジュニアドクター育成塾の受講生は、最長2年間にわたりプログラムを受講します。1年目を第1段階、2年目を第2段階と呼んでいます。受講生は、選抜を経て第2段階に進むことができます。第1段階では、STEAMの幅広い分野・領域に関わるプログラムを通して、様々な知識を身に付けた上で、各受講生が個人で探究のテーマを設定し、年度末にポスター発表によるプレゼンテーションを行います。第2段階では、更に探究を深化させるために、受講生ごとのテーマに関わる分野・領域にマッチした大学の研究者の下で、実験や観察を行い、ジュニア論文としてまとめていきます。

第1段階のプログラムの1つに、「感染症の流行を予測しよう」があります。これは、SIRモデルという感染症の流行を予測する数理モデルを背景に、表計算を用いてシミュレーションしながら簡単な政策決定に関わる

問題解決に取り組むというものです。一見、医学に関わるプログラムのように思えますが、事象を数学的に捉える、まさに Science と Mathematics、そして社会をまたぐプログラムになっています。なお、本プログラムは、もともと高校生向けに開発した教材（中本・御園, 2022）を小・中学生向けにアレンジしています。

また、同じく第1段階向けの「3Dプリンタで自分の設計した3Dモデルを造形しよう」は、創作活動的要素の強いプログラムですが、3Dプリンタの素材の1つである PLA（生分解性プラスチック）の化学的な性質も学びます。

図6-1　受講生が3Dプリンタで制作した作品の例

第2段階でのプログラムの1つに「最先端技術でマウスの脳を光らせよう」があります。このプログラムでは、蛍光タンパク質の遺伝子が組み込まれ作製されたウイルスベクターを、実験用マウスに実際に注射し、後日、発光したニューロンを観察する活動を行いました。医学や生物学の知識に加え、これを実現する遺伝子に関わる Technology が基盤としてあります。そして、この技術の産みの親

図6-2　ニューロンを蛍光顕微鏡で観察している様子

ともいえるオワンクラゲなどがもつ緑色蛍光タンパク質についての研究でノーベル化学賞を受賞した下村脩博士についても学びました。

しまだいジュニアドクター育成塾での取り組みを、学校現場で直接生かすことは難しいかもしれません。しかし、学校現場の先生の視察も積極的に受け入れており、学校現場で本来の STEAM 教育のねらいに沿った実践を構想する際のヒントになるものと考えています。

〈御園　真史〉

2 STEAMコンテンツの開発

⑴ STEM／STEAM教育の変遷

　STEAM教育は従来あったSTEMにAを加えているように、STEM教育を基盤とし、それを発展させた経緯があります。最初にSTEMの教育改革が進められたのは米国です。米国におけるSTEMの教育改革は、2011年に全米学術研究会議（NRC）が発表したA Framework for K-12 Science Education（以下「フレームワーク」）が発端です。これによれば、当時の米国は、たとえ学士から博士に至るまでSTEMの領域を専攻していたとしても、それを職業とする者があまりにも少ないという課題がありました。これに対して、フレームワークはK-12、日本でいうところの小学校第1学年から高等学校第3学年までにSTEMといった科学分野を専攻する生徒が科学の美しさとすばらしさをある程度理解するというねらいをもって発表されました。その当時、フレームワークのもつねらいが達成できていなかったのは、K-12までの体系的教育がなされておらず、個別の事実ばかりが強調されることによって、生徒に魅力的な機会を与えられていないという点が理由の1つとして挙げられました。そのため、フレームワークではそれらが克服できるような学際的な設計がなされています。

　2013年には、フレームワークを反映させたNext Generation Science Standards（以下「NGSS」）が公表されました。NGSSは「できるようになっておくこと（Performance Expectation）」として表現される、より実践的なゴールです。NGSSには、科学と工学の実践（Science & Engineering Practices）、領域横断的概念（Crosscutting Concepts）、領域別コア概念（Disciplinary Core Ideas）の3つの側面が挙げられています（表6-1）。この3つの側面を、児童生徒が実際にある社会的課題を解決していく過程で統合的に学び、実際に科学や工学がどのように扱われているのかを理解したり、科学の学び手や知識の使い手ないし知識のつくり手として成長し続ける力を付けたりすることが期待されています。

　以上のように、STEM教育は科学分野を扱う児童生徒が、教科や学問という枠組みにとらわれずに関連する分野を統合して学習する、学際的な

表6-1　NGSSの3つの側面（筆者作成）

科学と工学の実践	領域横断的概念	領域別コア概念
①発問する・問題を定義する ②モデルを創り使う ③調査を計画し実行する ④データを分析解釈する ⑤数学を使って、数学的に考える ⑥説明を創る・解をデザインする ⑦証拠に基づいた議論に従事する ⑧情報を入手し、評価し、話し合う	①パターン ②因果 ③スケール・比・量 ④システム ⑤エネルギーと素材 ⑥構造と機能 ⑦変化と安定	物理化学（Physical Science） ・PS1：物質とその相互作用 ・PS2：運動とその安定性（力と相互作用） ・PS3：エネルギー ・PS4：情報伝達技術における波とその応用 生命科学（Life Science） ・LS1：分子から生物まで（構造と過程） ・LS2：生態系 　　（相互作用、エネルギー、ダイナミクス） ・LS3：遺伝（形質の遺伝と変化） ・LS4：生物進化（統一性と多様性） 地球と宇宙の科学（Earth and Space Science） ・ESS1：宇宙における地球の位置 ・ESS2：地球のシステム ・ESS3：地球と人類の活動 工学、技術、科学の応用 　（Engineering, Technology, and Applications of Science） ・ETS1：工学設計 ・ETS2：工学と技術、科学、社会とのつながり

教育です。このSTEM教育にA（Liberal Arts）を加えたSTEAM教育では、更に広い分野を統合し、学際的な面が強く出されました。しかし、我が国では教科という枠組みがよくも悪くも強固にあります。私たちの社会はSociety 5.0に突入しており、この社会ではAIが発展し、個別領域についての記憶量が多いだけの単なる物知りは存在感を失ってしまうでしょう。これからの社会を生きる子供たちを育てるためにもSTEM／STEAM教育の考え方を知っておくことは重要だといえるでしょう。

⑵　STEAMコンテンツとその開発

現在、日本の高等学校では「総合的な探究の時間」と共通教科「理数」が導入されて、STEAM教育の充実が図られています。また、SSH（Super Science Highschool）では、先駆けてSTEAM教育の充実が図られており、

そのいくつかの実践はSTEAMライブラリーに掲載されています。STEAMライブラリーとは、経済産業省の「学びのSTEAM化」の一環として開発されたものであり、子供たちが伸びやかに「未来社会の創り手」に育つきっかけを提供するための、学校でも個人探究でも使えるデジタル教材（経済産業省，2021）です。STEAMライブラリーでは、様々なコンテンツをキーワードによって検索できる他、テーマやレクチャー、実践事例などの一覧から調べることもできます（図6-3）。

図6-3　STEAMライブラリーの検索バー

　ここで挙げられるSTEAMコンテンツの多くは、まさに学際的なコンテンツです。本項はSTEAMコンテンツの開発について概略していますが、開発に当たって必須な視点がこの学際性といえるでしょう。しかし、学際的であればSTEAM教育になるわけでもありません。「学びのSTEAM化」でも、定義で触れていますが、プロジェクト型学習（PBL）が展開される点も重要な視点の1つとして挙げられるでしょう。このPBLによって児童生徒が主体的に学びを展開していくことが期待されます。

　このPBLを実現するに当たって重要なことは、児童生徒が進んで取り組める課題設定です。そのためには、児童生徒の興味・関心がどこにあるかを丁寧に見取ることが必要です。STEAM教育の先端的な教育手法で進める際にも、児童生徒を見取るようなある種の不易、教育の本質といえることを疎かにすべきではないでしょう。

⑶　STEAM教育における問題解決型学習とプロジェクト型学習

　そもそもPBLにはProblem Based Learning（問題解決型学習、以下「Prob-BL」）とProject based Learning（プロジェクト型学習、以下「Proj-BL」）の2つの捉え方があります。どちらもSTEAM教育を行う上で重要ですが、前項で述べたPBLはProj-BLの考えが強く出されています。本項では、Proj-BLの2つの特徴をSTEAMライブラリーに挙げられている「地域活性化プロジェクト」の実践を基に説明します。

① Proj-BLの問題設定者は学習者である

　地域活性化プロジェクトの目的は宮崎県日向市という地域を盛り上げ、元気にすることです。このプロジェクトは「日向という最高のまちをいろんな人に発信したい」という思いから始められています。ここで重要な点は、プロジェクトが生徒の思いを基に始められているという点です。Prob-BLの多くは、教員が問題設定を行います。対して、Proj-BLの多くは学習者が問題設定を行います。そのため、Proj-BLにおける教員の役割の1つは、学習者に思いをもたせる手立てを行うことです。実践動画では教員が日向のイメージを生徒に話し合わせたり、人口推移のグラフを提示したりすることで、日向の実態を把握できるようにしています。そこから、生徒が活動の軸となる問題設定を行っています。

② Proj-BLにおける問題はこれから解決すべき問題を扱う

　Prob-BLにおける問題は教育的な意図をもって、すでに解決された問題が扱われることが多くあります。対して、Proj-BLにおける問題は、実社会における問題であり、今まさに解決を要する問題が扱われます。地域活性化プロジェクトは、高等学校第1学年から継続的に行われており、1年間でプロジェクトを終えていないことが分かります。日本の学校教育における学びは、児童生徒に身に付けさせたい知識や技能などがあるため、1年以内の期間である程度の区切りがあります。しかしProj-BLでは、学習活動そのものが学びとなるため、オープンエンドな形で学習を終えることもあるでしょう。

〈梅宮　亮〉

3 EdTech教材・教具の発展

(1) EdTech教材の類型と歴史

　EdTech教材とは、Education + Technologyの略語であることが示すとおり、テクノロジを活用したデジタル教材のことを指します。主に教育工学の分野を中心に研究されており、テクノロジの進化に伴って様々な教材が開発されてきました。

　山内（2010）によるとデジタル教材は主に3つの系譜があるといいます。1つ目が、1975年頃から85年頃にかけて発展したCAI（Computer Assisted Instruction＝コンピュータに支援された教授）と呼ばれるコンピュータ活用の方法です。CAIはスキナーのプログラム学習や行動科学を理論的な背景にもつ教材で、コンピュータが出した問題にユーザが答え、正誤に応じてフィードバックを返す装置です。現在のようなパーソナル・コンピュータが普及する以前からCAI装置は開発されていました。この系譜は、現在のAIドリルのような教材の思想的源流として考えてよいでしょう。

　2つ目は、1985年頃から1995年頃にかけて発展したマルチメディア教材です。デジタル教材の発展とコンピュータの性能の発展は密接に関係しています。マルチメディア教材は、1984年にApple社が初代Macintoshを発売したり、1985年にはMicrosoft社がWindows 1.0を発売したりと、徐々にパーソナルなコンピュータが社会に普及していったことに合わせて発展していきました。グラフィカルなユーザ・インターフェース（GUI）をもつコンピュータが登場したことによって、コンピュータでできることの幅が大きく広がりました。文字や数値データだけでなく、音声、図形、静止画、動画などを活用した教材をマルチメディア教材といいます。現在では動画や画像、音声を活用した学習は当たり前となりつつありますが、その源流は30年以上も前まで遡ることができるのです。

　3つ目は、1995年頃から2015年頃にかけて普及した、CSCL（Computer Supported Collaborative Learning＝コンピュータ支援による協調学習）と呼ばれるネットワークを活用した協調学習のための教材です。1995年はMicrosoft社のWindows 95が爆発的なヒットを記録し、一般ユーザがイ

ンターネットにアクセスをし始めた時期と重なります。インターネットを使うことで時間と空間の制約を超え、遠く離れた場所にいる人と共に学び合えるようになりました。現在では、MOOCのようなオンライン動画配信教材とフォーラムの機能が結び付いた教材などがこの系譜に位置付いているといえるでしょう。

(2) 現在のEdTech教材

スマートフォンが普及してからのEdTech教材の進化には目を見張るものがあります。学校など教育機関で使われるもの以外にも、例えば知育玩具と呼ばれるような幼児教育を対象にしたようなアプリケーションや、ゲーム感覚で漢字や計算問題を解くことができるサービスなど、多種多様な教材がアプリストアに溢れています。

また、GIGAスクール以後の学校でも、EdTech教材は盛んに使われています。2023年8月現在、経済産業省は「未来の教室」事業の一貫で、EdTechライブラリーを公開しています。ここでは、国内外問わず、学校向けに開発されたEdTech教材がまとまっており、学校種（小学校／中学校／高等学校）や教科ごとに検索できる機能も付いているため、使いたい教材をすぐに探すことができます。現時点では高等学校向けの教材が多く登録されていますが、小学校や中学校でも使える教材もあります。

現在のEdTech教材の大きな特徴は、AI技術を搭載している点にあるといえます。例えば、ドリル型の教材の場合は解答者の苦手分野や誤答のクセを解析し、類似問題を提案してくれる機能が付いています。また、昨今の生成AIの発展により、ユーザとのやり取りによって解答方法のヒントを教えてくれるような機能も一部の教材では実装され始めています。

それ以外にも、仮想現実（VR）や拡張現実（AR）といったテクノロジを教材化している例もあります。特にVRは世界全体をシミュレーションしてつくることができるため、今後VRゴーグルがより安価になると一気に普及する可能性も秘めているといえるでしょう。しかし、これらの新たなメディアを教育に活用する試みは、いまだ研究段階の域を出ているとは言えないのが現状です。一般大衆にまでそのテクノロジが普及して、ようやく教育の中でも日常的に使うことができます。とはいえ、そのような時

代が来ることはほぼ間違いない未来ですから、それに備えて研究や実践を積み重ねていくことは重要です。

(3) EdTech教材を支える教育思想

EdTech教材の中には、教育学や心理学、学習科学などの学問分野における研究知見を応用したり、具現化したりするためにつくられているものもあります。ここでは、教育用のプログラミングツールとして全世界で最も使われているScratchの教育思想を例に紹介します。

Scratchはもともとアメリカのマサチューセッツ工科大学（MIT）メディアラボのライフロング・キンダーガーテングループが開発した教育用のプログラミングツールです。開発チームのリーダーであるミッチェル・レズニックは、もともと構築主義（constructionism）という学習理論を提唱したシーモア・パパートの弟子でした。レズニックはパパートに師事しながら、構築主義を引き取りつつ創造的な学び（Creative Learning）と呼ばれる学習理論を提唱しました。レズニックは、子供がプログラミングでモノをつくっている過程で、Imagine（想像）→Create（制作）→Play（遊び）→Share（共有）→Reflect（振り返り）→Imagine……といった一連の行為を何度も順に繰り返すことを発見しました。これを「創造的な学習のスパイラル」といいます。Scratchはこの創造的な学習のスパイラルに即しながらプログラミングできるように設計されています。他の人がつくった作品をインターネット上で見ることができることはもちろん、そのプログラムの中身まで見ることができるのは、まさにShareとReflectをしやすくするためです。

また、Scratchの開発思想は「低い床・高い天井・広い壁」と呼ばれています。低い床とは、入門のしやすさを表しています。また、高い天井は、入門レベルにとどまらず、やろうと思えばハイレベルな内容に同じ環境でチャレンジできることを、広い壁とは特定の種類の表現だけでなく、多様な表現方法を実現することを意味しています。現に、Scratchは入門用のプログラミングツールとして広く普及している一方で、最近では機械学習のような高度な内容にも対応しています。また、Scratchはキャラクターを歩かせて正多角形の作図をすることしかできないわけではなく、ゲーム

やアニメーション、アート作品や音楽づくりまでできてしまいます。このように、EdTech教材を支えている教育思想と開発思想を理解しておくと、そのツールの使い方はおのずと見えてくるといえるでしょう。

⑷　教員自身がEdTech教材をつくれるようになる

　最後に、現在の課題と今後の展望について考えてみます。EdTech教材は日に日に増え続け、全てを網羅することはもはや不可能に近いでしょう。一方で、現在のEdTech教材の多くは企業が開発した営利目的のサービスである点には注意が必要です。いくら自分たちが使っていようと、教材が売れなかったらある日突然サービスが終了してしまうリスクがあるのです。また、教員自身の教材研究力が落ちてしまうことも懸念されています。他者がつくった教材をそのまま使って授業をすることは、専門職としての教員のあるべき姿とはいえません。

　これを解決する1つの方法は、教員自身がEdTech教材をつくり出すということです。もちろん大規模なサービスを簡単につくることは難しいでしょう。しかし、簡単なシミュレーションやアニメーションなどはScratchなどで簡単につくれます。筆者が関わっていたある小学校では、音楽のリズムについて学習するためのデジタル教材を教員がScratchを使って開発していました。既存のEdTech教材ではかゆいところに手が届かない場合、それを解決するためには、自らつくり出すしかないのです。

〈宮島　衣瑛〉

1 LEGOによるロボティックス教材の実践

　ロボティックスとはロボットの制御や設計、製作を行うロボット工学を指します。本項では車の移動をプログラミングの順次処理を用いて制御する活動を通して、プログラミング的思考を育む授業を実践しました。

(1) 授業実践の概要

　授業実践は神奈川県の公立小学校第4学年児童30名を対象に2時限続けて行い、計90分間の活動となりました。本単元は理科「電流のはたらき」の最後に位置付け、モーターの回り方や電流の流れ方を理解した上で、プログラミングを使って前後の動きだけではなく回転の動きも制御する活動を行いました。

　本実践で用いた教材はレゴエデュケーションSPIKE（以下「SPIKE」）です。SPIKEは専用アプリケーションにおいてプログラムすることで、モーターの回転を制御できるロボティック教材です。SPIKEの専用アプリケーションで制御する言語はビジュアルプログラミング言語であり、ブロックを組み合わせることで児童も直観的に操作可能です。今回は前進、後退、右回転、左回転、発進、停止の6種類のブロックに限定し、1時限目はSPIKE専用アプリケーションの操作や学習活動のルールを確認しました。2時限目は実際にプログラムを組み、車の動作を制御しました。

　課題名は「SPIKEを使ってプログラムしてみよう」です。自身で考えた動きをイラストにかき、SPIKE専用アプリケーション上でプログラミングする活動を小集団指導で実践しました。

　授業の流れは以下のとおりです。まず、児童たちが車をどのように動かしたいかをイラスト（図6-4）にかき、グループで再現したいイラストを決めます。次に小集団活動でこのイラストと同じ動きになるように車を制御するプログラムをつくります。プログラムをつくる手順を次の3つのステップに分けました。第1ステップはプログラムの入力（ブロックの構成）

です。再現したいイラストを基に、前述した6種類のブロックの組み合わせを順序立ててプリントに書いていきます（図6-5）。紙に書くことができたら、専用アプリケーションに入力し、ブロックを組み合わせてプログラムを構成します。

　第2ステップは動作確認です。実際にプログラムを実行して、イラストの動きを再現できたかを確認します。

　第3ステップは修正（デバッグ）です。動作確認した結果、思いどおりの動きをしなかった場合にプログラムを修正する活動です。数値やブロックの構成を変更します。これらの3つのステップを繰り返すことで理想の動きを再現する活動を行いました。このように入力→動作確認→修正を繰り返し理想のプログラムを構成する活動は、プログラミング的思考を育むことが期待できます。

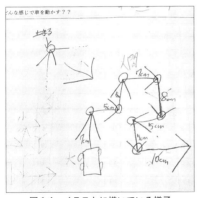

図6-4　イラストに描いている様子

プログラムを組んでみよう

1	前に5cm	1	前に5cm	1
2	右に90°	2	左に90°	2
3	前に9cm	3	前に5cm	3
4	左に90°	4	右に90°	4
5	前に5cm	5	前に3cm	5
6	左に90°	6		6
7	前に7cm	7		7
8	左に90°	8		8

図6-5　プログラムを組む様子

⑵　授業実践の成果と課題

　児童たちは小集団で順序立てながらブロックを組み合わせてプログラミングしていきました（図6-6）。その際に、児童がよりよい組み合わせを議論し、プログラムしていく姿が見られました。しかしながら、動作確認を行う場面で、車が後退してしまったり、車が動かなかったりなど理想の動きをしない班がありました。中でも車が後退してしまった児童たちは、「なぜ後ろに動いてしまうのだろう」という疑問から、「プログラムが間違っているかもしれない」「モーターの回り方が違うのではないか」「プログラ

ムをもう一度見直してみよう」など、ブロックの構成を中心に入力→動作確認→修正を繰り返す姿が見られました。

　また、車が動かなかった班では「なんでイラストどおり動いてくれないのだろう」という疑問から、話し合っていくうちに、1人の児童が「単位が違うかもしれない」と気付きました。このようにブロックの構成だけではなく、入力した値や単位に着目して修正を行い、正しいプログラムを組むことができて、イラストどおりに車を動かすことができました。

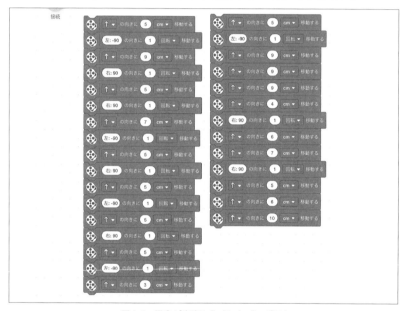

図6-6　児童が実際に作成したプログラム

　このように自分たちで考えたイラストどおりに車を動かすために、入力→動作確認→修正という過程を楽しんでいる様子や積極的に意見を交わしている児童の姿が見られました。

　本実践においては、SPIKEをビジュアルプログラミング言語によってプログラムしました。中学校や高等学校では、これをテキストプログラミング言語に変更し、情報科と協力しつつ合科的な指導を行っていくことで、より複雑な問題解決への取り組みにつながることが期待されます。

〈岡田　琉星〉

122

2　タンジブル教材ドローンTello EDUの実践

　ICT教育で扱う教材は手で触れることができるとは限りません。本項では、子供たちが直接触ることのできるタンジブル（tangible）教材であるドローンTello EDUを用いた授業実践を行いました。

(1)　授業実践の概要

　授業実践は横浜市立小学校第5学年児童36名を対象に行いました。課題名は「ドローンで先生に荷物を届けよう」で、教室内を3×3×3マスの座標と見立て、ドローンを置いたスタート地点から3か所のチェックポイントを必ず通り、教員のいるゴール地点までドローンを届ける活動を行いました。児童たちはドローンの経路を定めてTello EDU専用アプリ上でプログラムすることでドローンを制御できます。この専用アプリはビジュアルプログラミング言語であり、児童が直観的に操作可能であるとともに、アプリ内で疑似的にドローンを動かすシミュレーション機能もあります。なお、今回の授業実践では「繰り返しの処理」は取り扱わずに、順次処理の組み方や組んだプログラムを修正（デバッグ）することを中心に行いました。以上の活動を通して、プログラミングにおける順次処理の組み方を楽しみながら理解できるよう授業を展開しました。また、プログラムする際には立体模型を基に空間の座標を把握しながら、問題解決用のマップ（図6-8）を用いて、最短の経路を小集団で検討しました。

　児童は各班で試行錯誤しながらドローンの経路をプログラムしていき、行った修正の過程の記録と自分たちで組めた最短のプログラムを教室での

図6-7　Tello EDU（左）と立体模型を前に検討する児童（右）

全体発表で共有しました。なお評価規準は表6-2のとおりです。

図6-8　問題解決用のマップ（左から順に1段目〜3段目。S: Start, G: Goal, C: Check Point）

表6-2　授業で用いた評価規準

知識・技能	思考・判断・表現	主体的に学習に取り組む態度
・最短のプログラムを考え、相手に手続きを説明している。	・最短のプログラムへと簡略化して記述している。	・意図した処理を行うように改善しようとしている。

(2)　授業実践の成果と課題

授業は2時限続けて、計100分間の活動を行いました。1時限目でプログラミングの基礎を復習しつつ、使用ブロックを離陸（S）、着陸（E）、前（F）、後（B）、右（R）、左（L）、上（U）、下降（D）の8種類のみに限定しました。普通教室での一連のプログラミング活動の後、たこ糸を張って3×3×3の立体空間を再現した空き教室でドローンを操作しました。

児童たちはドローンのプログラムを通して、「先生に荷物を届ける」という自分たちが意図する活動を実現するために入力→動作確認→修正を繰り返しました。どのブロックをどのように組み合わせればゴールまでの一連の動きが最短手順になるのかを検討しながら、プログラムを組み直していく過程そのものを楽しんでいる姿が見られました。

図6-9　児童が組んだプログラム（左）と教室で飛ぶドローン（右）

今回の実践ではドローンを動かし、立体模型とアプリ内でのシミュレーション機能を併用することで、プログラムをより短くする上での工夫を楽しみつつ、積極的に試行錯誤する姿が見られました。また、児童一人一人に目を向けると、ドローンを飛ばすだけで満足する児童や、ドローンの飛行様態よりプログラミングそれ自体を「実験」と捉えて楽しみ軌道を修正し続ける児童、今回は対象外であった「繰り返しの処理」を含めた進んだプログラムを提案する児童など、問題解決の取り組み方に大きな個人差が見られました。こうした習熟度によっては、小集団学習で進めるだけでなく、個別学習での発展課題を工夫すれば、より効果的な授業が行えることが期待できます。

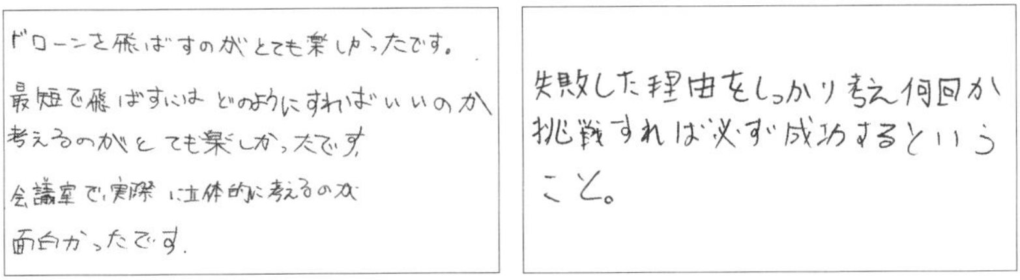

> ドローンを飛ばすのがとても楽しかったです。
> 最短で飛ばすにはどのようにすればいいのか考えるのがとても楽しかったです。
> 会議室で実際に立体的に考えるのが面白かったです。

> 失敗した理由をしっかり考え何回か挑戦すれば必ず成功するということ。

図6-10　授業後の児童の感想例

　本項で紹介した授業事例では、タンジブル教材であるドローンを三次元で試行錯誤しながら動かすことで、体験的にプログラミング的思考を深める活動を行うことができました。本授業は総合的な学習の時間において実施しましたが、ドローンを用いたプログラミング活動は、社会科の地理学習や算数科での「場合の数」や「組み合わせ」等で学ぶ内容を教科等横断的に習得できる内容であり、STEAM教育の良教材でもあります。今後は異なる学校種や教科内での実践の検討を進めていく予定です。

〈赤羽 泰・山田 誠紹〉

3 AR楽器アプリKAGURAの授業実践

　ICT教材を用いれば、演奏技能に不安がある児童も主体的に活動し、その感性によって試行錯誤できる旋律づくりの学習環境をつくることができます。本項では、身体の動きでリアルタイムに音楽を奏でる画期的なAR楽器アプリKAGURAを使った授業実践を報告します。

(1) 授業実践の概要

　授業実践は横浜市立小学校第6学年児童45名を対象に行いました。課題名を「音楽をプログラムして曲に合う演奏をしてみよう」とし、総合的な学習の時間において、音楽科と情報教育を横断的につなげる指導を小集団学習で展開しました。楽譜が読めず楽器を演奏できない児童でも、パソコンの画面上にリズムアイコンを配置し、カメラに映った自分の身体の動きで意図した楽器音や効果音を奏でることができます。こうした演奏楽器の選択、アイコンの配置、クオンタイズ（拍数の単位）の設定を通して、自らが思い描いた音楽表現を実現するための試行錯誤が可能になりました。一からの音楽制作ではなく、演奏に必要な音源を使った音と身体の動きを組み合わせるパフォーマンスで、音楽への興味・関心、プログラミング上の創意工夫の体験を総合的に図りました。授業は全2時限で立案し実施しました。授業導入時に黒板に授業の課題名と活動上の以下4つの基本ルール（表6-3）を掲示した上で、液晶プロジェクタを使ってKAGURAのデモ演奏を行いました。このことで操作方法の理解を促すとともに、「音楽をプログラムする」イメージをもてるように補助を図りました。選択楽曲は「ジングルベル」、デフォルトのクオンタイズは1/8となっています。

表6-3　KAGURA使用の基本ルール

ルール1	音源はワークショップサウンドから選んで使用する。
ルール2	使えるアイコンは選択した1セット内から6個までとする。
ルール3	ブロックは音階のある1種類×2個のみとする。
ルール4	アイコンとサウンド作成／削除、演奏再生・停止以外はしない。

　音源は授業者がiPadアプリGarageBandを用いて作成して、リズム要素を調整した音源を事前に作成して配布しました。

表6-4　授業で用いた評価規準

知識・技能	思考・判断・表現	主体的に学習に取り組む態度
・音楽表現をするための基礎を理解し、音の仕組みに気付き正しく演奏している。	・一つ一つの動きを対応した一連の記号で表し、操作する活動を論理的に捉えている。	・創造的に音楽に関わり音楽への関心を高め、その表現や鑑賞に自ら進んで取り組もうとしている。

なお、評価規準は表6-4のとおりです。

児童は3～4人の小集団に分かれて、各集団に1人の操作補助者を配置しました。操作は①アイコンの入れ方、②音源の入れ方、③再生と停止、という基本を教示し、各集団で実際にアイコンの配置と演奏試行を繰り返しました。そして、授業の最後に自分たちの作品を演奏と共に全体発表してから気付きや想いを共有し、他の集団でよかった点について相互評価しました。

図6-11　KAGURAを演奏する児童

図6-12　配置を検討する児童

児童たちは、課題曲に合わせて明るい雰囲気にすることと、異なるクオンタイズをたくさん使ってみるという目標を決めました。図6-13は、小集団が作成したKAGURAの作品例です。

音色を聴き比べる中で「クリスマスっぽい」という意見からピアノとベルの音を採用していました。また、教員がデモ演奏で見せていたようなドラム演奏を

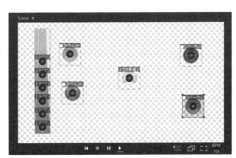

図6-13　児童がつくったKAGURA作品例

再現しようと試みていました。ドラム演奏にはバスドラム、スネアドラム、ハイハットシンバル、クラッシュシンバルの4種類が使われていたことを発見し、それらを異なるクオンタイズに設定して配置することで、8ビートのリズムでのドラム演奏を実現させていました。その結果、演奏活動ではよいリズムがつくれていたという相互評価を受けました。振り返りでは、「曲に合わせて音やリズムを考えるのは難しかったが、だんだんでき上がっていくのが楽しかった」という感想をもっていました。

⑵ 授業実践の成果と課題

今回の実践では、身体の動きで音楽を楽しむKAGURAの演奏に、試行錯誤の過程を加えることで、プログラミング的思考を育むような実践を試みました。授業全体を通して、演奏技能に不安がある音楽経験の少ない児童も主体的に活動し、その感性によって試行錯誤できる旋律づくりの学習環境をつくることができました。

しかし、KAGURAはあくまで演奏ソフトであり、プログラミングを目的に制作されたソフトではありません。事前にプログラムを組んで音楽を奏でる活動とは異なり、本人がアイコンに触る動作で即興演奏をしなければ音は鳴りません。プログラミングの要素を高めるなら、演奏する順序やループ処理を検討できるような機能を取り入れる必要があるでしょう。

上記の成果と課題に加えて、KAGURAはARアプリとして活用できる可能性があります。体育の跳び箱運動やハードル走など正しいフォームの習得を目標とする授業において、任意の位置にアイコンを配置し、そこに到達しなければ音が鳴らないという設定を設けることで児童が試行錯誤する材料になると考えます。また、KAGURAは物体にも反応するので、体育のボール運動や理科の振り子運動の実験でも活用できるでしょう。このように、KAGURAはAR教材であることを生かし、位置が関係する学習活動において活用できる可能性があります。児童生徒に育みたい資質・能力に合わせて、様々な教科での活用が考えられるでしょう。

〈渡辺 蒼龍〉

4　動画編集アプリによる授業実践

本項は森村学園初等部（横浜市）の齊藤翔太先生による「SDGsのCM制作」という授業実践を基に考察します。動画制作を通して、児童が自ら興味をもったことについて自由に探究する活動が期待されます。

(1)　授業実践の概要

授業実践は第5学年計116名を対象に行われ、児童は日頃の授業でICT端末を頻繁に使用しています。本単元ではSDGsの学習に加え、CMはなぜ短い時間で影響を与えられるのかという観点に着目して行われました。Apple製品である動画編集アプリケーションiMovieを用い、SDGsに関する30秒ほどのCMを1人1つ制作しました。

実践の前半ではCM作成のためにテーマを設定していました。児童は社会問題を挙げてSDGs17の目標に分類し、目標と社会問題が大きく関与していることを身近に捉え直しました（図6-14）。その後、SDGsに取り組む理由と自分たちにできることを考えました。その意見を基に教員が「呼びかける」「伝える」「輪を広げる」という言葉をテーマとして選定し、児童がCM制作に取り組みました。

CM作成の手順ですが、まず、教員が制作したCMの例を児童に提示しました。児童はそれを基につくりたいCMのイメージを膨らませました。

図6-14　SDGs17の目標に分類された社会問題

次に、児童は項目ごとに考えを整理してコンセプトを制作し、動画制作の見通しを立てて制作に入りました（図6-15）。最後に、動画制作後の相互鑑賞では、動画を見て生まれた感想や疑問をコメントで伝え合いました。

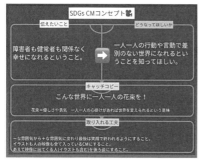 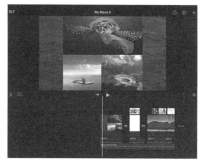

図6-15　児童が制作したコンセプト（左）と動画編集画面（右）

　児童主体の学習では、自由度が高く興味があるものを深く学ぶことができる一方、主題から大きく逸れてしまうかもしれません。そのため本実践では、①ルーブリックを提示し評価規準を明らかにする、②児童と一対一で会話をする機会を増やす、③信憑性のある資料を用意する、④動画を華美にしすぎないように指示をする、などの工夫を行っていました。またメリハリをもつために、児童同士で交流をする時間と1人で作業をする時間を別々に設けていました。

(2)　授業実践の成果と課題

　授業では事前指導なしで動画制作を始めました。iMovieは直観的に操作可能であったため、児童は基本操作の理解が容易です。また発展的な操作は自ら使いながら発見したり、意図する演出を実現する方法について教員との対話から学んだりしました。また、授業後の児童の振り返りでは、「SDGsの取り組みを理解することができた」「学習したことを動画にまとめる活動をまたやりたい」などの、肯定的な意見が大多数でした。

　児童一人一人の作品に目を向けてみると、クオリティに差はありましたが、どれもSDGsへの学びにつながっていました。

　動画は、スライドだけでは生まれないインパクトを短時間で相手に伝えることが期待できます。これを踏まえて、授業に動画制作を取り入れるこ

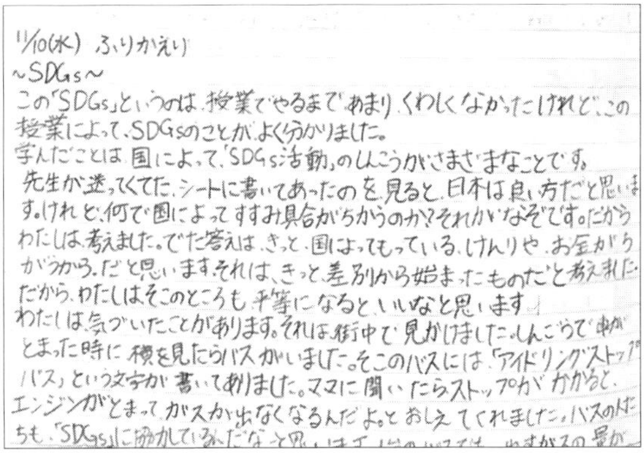
11/10(水) ふりかえり
~SDGs~
この「SDGs」というのは、授業でやるまであまり、くわしくなかったけれど、この
授業によって、SDGsのことが、よく分かりました。
学んだことは、国によって、「SDGs活動」のしんこうがさまざまなことです。
先生が送ってくれた、シートに書いてあったのを、見ると、日本は良い方だと思いま
す。けれど、何で国によってすすみ具合がちがうのか？それがなぞです。だから
わたしは、考えました。でた答えは、きっと、国によってもっている、けんりや、お金がち
がうから。だと思います。それは、きっと、差別から始まったものだと考えました。
だから、わたしはそこのところも平等になるといいなと思います。
わたしは、気づいたことがあります。それは、街中で見かけました。しんごうで車が
とまった時に横を見たらバスがいました。そこのバスには、「アイドリングストップ
バス」という文字が書いてありました。ママに聞いたらストップがかかると、
エンジンがとまって、ガスが出なくなるんだよ。とおしえてくれました。バスの人た
ちも、「SDGs」に協力しているんだなと思

図6-16　授業後の児童の振り返り例

とによって育まれる力や成果は、以下の２点があると考えられます。

第１に、児童の学習意欲の促進です。動画制作には、児童がイメージしたものを自分自身が映像として自由に創り出す面白さが存在します。更に授業終了後の相互鑑賞において、他の児童からの疑問や感想が学習意欲を促すことにつながるのではないでしょうか。

第２に、プログラミング的思考の育成です。動画制作はつながりを意識して構成する必要性があります。つながりを考えて試行錯誤しながら組み立てていくことは、プログラミング的思考において重要視されている順次処理に似た考え方なのではないでしょうか。

本項で紹介した授業事例では１人１つの作品を制作しましたが、複数人で１つの作品を制作するといった活動も考えられます。複数人で１つの作品を制作すると、役割分担で互いの苦手を補い、対話による試行錯誤を重ねることでコミュニケーション能力が向上する効果が期待できます。

また、本実践は小学校の社会科の単元で行われましたが、中学校・高等学校や他教科への活用も考えられます。

〈菅生 実夢〉

第7章

特別なニーズのある児童生徒支援における ICT活用

この章では、特別なニーズのある児童生徒支援において ICT 活用はどのように行われるのか、その姿を理論と実践から明らかにします。

第1節 特別なニーズのある児童生徒支援

1 ICT による学びのユニバーサルデザイン

　日本において、2016年に「障害を理由とする差別の解消の推進に関する法律」（以下「障害者差別解消法」）が施行され、「障害者の権利に関する条約」（以下「障害者権利条約」）に批准しました。これは、世界で140番目とかなり遅れた批准でした。これにより、障害を理由とした不当な差別が法的に禁止され、障害者に対する合理的配慮の提供が法的義務とされました（2024年改正法施行）。合理的配慮の実施は教育機関にも適用されます。中央教育審議会初等中等教育分科会（2012）は条約の定義に照らし、合理的配慮を「障害のある子どもが、他の子どもと平等に『教育を受ける権利』を享有・行使することを確保するために、学校の設置者及び学校が必要かつ適当な変更・調整を行うことであり、障害のある子どもに対し、その状況に応じて、学校教育を受ける場合に個別に必要とされるもの」と定義しています。つまり、特別なニーズのある児童生徒を含む全ての児童生徒を支援することが求められています。

　特別なニーズのある児童生徒を含む、全ての児童生徒にとってよりよい学びの環境を整えることを、学びのユニバーサルデザイン（Universal Design for Learning、以下「UDL」）といいます。UDLは、障害の有無にかかわらず、全ての学習者の学びの伸びを助け、学習者自身が学びのエキスパートになれるように支援します。UDLは学習科学に基づいた、以下の

3つの原則から成り立っています（ホール，マイヤー＆ローズ，2018）。

Ⅰ　提示のための多様な方法の提供（学びの"what"）

　　　認知的学習を支援するために提示に多様で柔軟な手段を提供する。

Ⅱ　行動と表出のための多様な方法の提供（学びの"how"）

　　　方略的学習を支援するために行動と表出に多様な手段を提供する。

Ⅲ　取り組みのための多様な方法の提供（学びの"why"）

　　　感情的学習を支援するために取り組みのための多様な方法を提供する。

　子供たちの学びのスタイルは多様であり、そこに、「オプション」「代替手段」「段階的支援」「調節可能」という工夫を提供することが子供たちを学びのエキスパートにすることにつながります。UDLを提唱しているCAST（Center for Applied Special Technology）は、これらの工夫のために、ICTの使用を推奨しています。つまり、ICTを用いることで、例えば、ある授業場面を想像してみましょう。そこには、聴覚障害のある児童生徒や視覚障害のある児童生徒などがいるかもしれません。あるいは、特性の延長線上で、視覚優位な児童生徒、聴覚優位な児童生徒もいるかもしれません。そのような場合、音声認識ソフトを用いて教員が話す内容をリアルタイムで表示させ、音声読み上げソフトを用いて教科書の文章を聞いたりすることもできるでしょう。ここで重要なのは、授業で、全員がタブレットを同時に使うなど、同じICTツールを使うことではありません。その児童生徒の一人一人の学びのスタイルや進捗などに合わせて、彼ら彼女らが「方法」を選択できるということです。こうしたICTを用いたUDLを実現するには、急にタブレットを渡すだけでは成立しません。例えば、タブレットであれば、以下のような手続きが考えられるでしょう。

①　教員の指定した課題を自学自習し、教員の指示に従って検索する。

②　他のICTや他の学習方法と同様にタブレットを選択する。

③　手元にタブレットが常にあり、児童生徒の判断で自由に使用できる。

　このようにして、ICTを用いた学習方法も、教員にとっても、児童生徒にとっても、「選択」できるようになることが大事になってきます。

〈枝廣　和憲・黒田　珠衣〉

2 生徒指導・教育相談におけるICT活用

　生徒指導は学校の教育目標を達成する上で非常に重要な機能を果たすものであり、学習指導とともに重要な意義をもちます。今や急速に進むデジタル社会において、高度情報化社会での知識の刷新やICT活用能力の習得など児童生徒に求められることは多くあります。パソコンやタブレットなどのICTを活用した学習の導入は浸透しており、以前までの「全員が同じ方法で」などのいわゆる「足並みバイアス」的教育から変化して、児童生徒一人一人に合わせた学習の実施が可能になってきています。

　情報通信技術の発達によって生活が便利になる一方で、新たに発生してくる問題もあります。学校外においてはサイバー犯罪や未成年児童が被害者となる事件の発生、インターネットを使用したいじめなど、以前まででは考えることのできなかった問題が発生してきています。1人1台の情報端末を使用する現代において、うまくICTを活用すること、様々な方面からの情報活用能力が重視される傾向にありますが、万一のリスクに備えるための情報モラルの充実も重要です。

　こうした懸念点を解消するために、生徒指導でICTを活用することも重要になっています。問題行動を起こした生徒への指導や実際の授業でICTを活用すると、情報管理やその共有が容易になり、問題点などが可視化できるために、複数人の教員が指導に当たったとしても円滑に児童生徒に対して的確に指導できるようになると考えられます。たびたび問題行動を起こす場合でも以前の記録と参照しやすく、指導の方針も決めやすいことも利点の1つです。1人の教員が指導に当たったとして、学校行事などの繁忙期にはその教員が指導できない場合もあるため、必ずその指導教員がいつも指導できるといったことは約束できないでしょう。そのときに十分な情報共有ができていなければ、生徒への改善効果は薄いものになります。しかし、ICTを活用し、指導記録をデジタル化しておくことで、万一別の教員が指導に当たることになっても、その記録にアクセス可能で情報共有もしやすくなります。これに加え、私たちはICTを活用した様々な方法で生徒指導をどう行っていくかを考える余地がまだまだあると考え

ています。

　生徒指導や学習指導の他に教育相談も重要な機能を果たしており、「中学校学習指導要領解説　特別活動編」によると、一人一人の生徒の教育上の問題について、本人またはその保護者などに、その望ましい在り方を助言することであり、その方法としては、一対一の相談活動に限定することなく、全ての教師が生徒に接するあらゆる機会を捉え、あらゆる教育活動の実践の中に生かし、教育的配慮をすることが大切とされています。

　すなわち、教育相談は、児童生徒それぞれの発達に即して、好ましい人間関係を育て、生活によく適応させ、自己理解を深めさせ、人格の成長への援助を図るものであり、決して特定の教員だけが行う性質のものではなく、相談室だけで行われるものでもありません。教育相談の目的を実現するためには、発達心理学や認知心理学、学校心理学などの理論と実践に学ぶことも大切です。また、学校は教育相談の実施に際して、計画的、組織的に情報提供や案内、説明を行い、実践することが必要となっています。

　インターネットが普及したことで学業を疎かにする児童生徒や家から出ようとしないなどの事例も以前に比べ見聞する機会は多くなってきており、そういった児童生徒の保護者や本人から相談を受けた際にもICTは活用できます。教育相談に来たとしても時間は限られており、その中で相談をして得心するまでにはかなりの時間を要します。しかしICTを活用することでシームレスにやり取りをすることができ、口にすることのできないことも相談しやすく、これは相談者にとっても安心できる要因の1つだといえるでしょう。また、口頭では伝えそびれた情報や、その提案など、ICTを用いて共有することで円滑に事を運ぶことができます。遠隔心理学については、諸外国では距離的あるいは経済的なアクセシビリティの観点から研究・実践が進められていましたが、日本においても、COVID-19の影響により、近年急速に研究・実践が進められ、実施のためのガイドラインも整備されています（日本心理学会，2020；APA，2020）。

　昨今の児童生徒の現状を鑑み、2022年12月に生徒指導提要が改訂されました。そこでは、データを用いた「エビデンス（合理的根拠）」に基づいた生徒指導と教育相談（Evidence-Based Educational Guidance and

Counseling）が求められています。具体的には、校務系データ（出欠情報、健康診断情報、保健室利用情報、テスト結果、成績情報等）と学習系データ（学習記録データ、児童生徒アンケートデータ等）等を組み合わせることで、一人一人の児童生徒や学級・ホームルームの状況を多様な角度から、客観的なデータを用いて分析・検討することも可能となります（文部科学省，2022）。具体的なツールとしては、いじめ予防や自死防止などプロアクティブな支援のため、全児童生徒の適応感を把握できる「学校環境適応感尺度（ASSESS）」や「楽しい学校生活を送るためのアンケート（Q-U）」などが代表的であり、多くの学校でいずれかが実施されています。更に、個別の行動などを記録する「教室観察アプリケーション『PBS Classroom』」や「行動記録アプリケーション『Observations』」「問題行動記録アプリケーション『生徒指導アプリ』」などがあります。これらのデータは、チーム学校として共有することを前提としており、これらの客観的データを基に以下のプロセスを通して支援します。

図7-1　データを生かした支援プロセス

　これらは、アメリカのThe No Child Left Behind Act（NCLB法）の流れを汲んでおり、2015年に193の国連加盟国全てがNo one will be left behind（誰一人取り残さない）を理念に掲げ、持続可能な開発目標（Sustainable Development Goals: SDGs）のための2030アジェンダとしても掲げられています。その中で、ポジティブ行動支援（Positive Behavior Support、以下「PBS」）が取り上げられています。PBSもUDLと同様に、データを用い

たエビデンスに基づくフレームワークです。PBSは、応用行動分析（Applied Behavior Analysis）に基づき、当事者のポジティブな行動（本人のQOL向上や本人が価値あると考える成果に直結する行動）をポジティブに（罰的ではない肯定的、教育的、予防的な方法で）支援します（枝廣, 2018）。日本においても、多くの自治体で取り入れられ始めています。

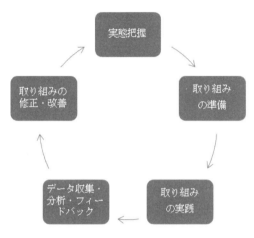

図7-2　応用行動分析に基づいた支援プロセス

　生徒指導・教育相談においてICTを活用することは以前までとは比べることができないほど有益なものを私たちにもたらしてくれています。しかし、適切な利用ができないならば、その恩恵を期待できるどころか、十分な効果を見込むことは難しく、逆効果になることもあるでしょう。これからの社会を担っていく児童生徒に健全な成長を遂げてもらうためにICTをどう活用していくのか、このことを今一度自分の中で考えてみましょう。

〈髙橋　孝輔・枝廣　和憲〉

3　特別支援教育におけるICT活用

　近年、本章の冒頭で挙げた障害者権利条約の批准や障害者差別解消法の施行などの流れを受けて、特別支援教育に関連する法律の改正が行われています。まず、児童生徒の障害の重複化や多様化に伴い、一人一人の教育的ニーズに応じた特別支援教育の推進のために2006年6月に学校教育法の一部改正が行われました。それに伴い2007年4月から盲学校・聾学校・養護学校と障害の種類によって分けられていた学校を、複数の障害種別に対応した教育を実施することができる「特別支援学校」に一本化しました。特別支援学校では、視覚障害者、聴覚障害者、知的障害者、肢体不自由者または病弱者（身体虚弱者を含む）等の幼児児童生徒を対象とし、幼稚園・小学校・中学校または高等学校に準ずる教育を実施し、障害による学習上または生活上の困難を克服し自立を図るために必要な知識技能を授けることが目的となりました。更に、2006年の学校教育法の一部改正に伴い、小学校・中学校・高等学校・中等教育学校及び幼稚園に在籍する教育上特別な支援を必要とする児童生徒に対しても、障害による学習上または生活上の困難を克服するための適切な教育である特別支援教育を行うことが明確に位置付けられました。加えて、2006年度（高等学校においては2018年度）から、学習障害（Learning Disabilities、以下「LD」）と注意欠陥多動性障害（Attention-Deficit Hyperactivity Disorder、以下「ADHD」）が、通級による指導の対象に加わったことにより、特別支援教育を専門とする教職員はもとより、全ての教職員にとっても、特別支援教育に関する知識やスキルなどが必要となっています。

　障害等により特別な支援を必要とする子供にとってICTは「その障害の状態や特性及び心身の発達の段階等に応じて活用することにより、各教科等の学習の効果を高めたり、障害による学習上又は生活上の困難を改善・克服するための指導に効果を発揮したりすることができる重要なもの」であり、「合理的配慮を提供するに当たっても必要不可欠なもの」です（文部科学省，2021）。特別な支援を必要とする子供たちにとってICT活用の需要は高く、特別支援教育領域におけるICT活用の利用実績も年々増え、

教員のICT活用の必要性に対する意識も高まっています。

　特別支援教育におけるICT活用は今に始まったことではなく、むしろ通常の学級より先んじて取り入れられてきました。しかしながら、特別支援教育で用いられる従来型の支援機器は、ユーザビリティを重視しているため、点字ディスプレイなど高価なものが多く、なかなか全ての児童生徒が手にするのは困難でした。しかし、ICTの発展に伴い、パソコンやタブレットなど1つの機器に必要なアプリ等を入れることで、特別なニーズのある児童生徒にとっても利用しやすさが高まってきました。加えて、2019年のGIGAスクール構想の費用には、全ての児童生徒に必要なパソコンやタブレット等だけでなく、特別なニーズのある児童生徒に必要な点字ディスプレイなどの機器も含まれているため、支援を必要とする児童生徒に、必要な支援が行き届くようになりました。

　合理的配慮の提供としてのICT機器等について、日本の学校において議論になるのが、「全ての児童生徒に対して、同じものを同量提供しなければならない」という「平等」という概念です。現実には，ある人は必要以上に提供され、ある人には提供されず、格差が生まれている状態です。そして「平等（equality）」は、全ての人に同じものを提供する状態で、実際は格差が生まれている状態です。また「公平（equity）」は、必要な人に対して必要な合理的配慮が提供され、これにより公平性が担保されている状態です。「解放（liberation）」は、そもそもの壁をなくし、バリア（障壁）を取り除いた状態です。このように、全ての子供の学びを支援し、一人一人に合わせた教育を実現するためには、特別な支援を必要とする子供たちのためのICTの活用も進めていく必要があります。

　こうした特別な支援を必要とする子供たちのためのICT活用が進められてきた背景には、教育現場における特別な支援を必要とする子供たちへの対応の変化があります。

〈大島　佳香・枝廣　和憲〉

1 ICT を用いた特別支援教育としての理科授業

　筆者は勤務校において理科の授業を 7 年間実践する中で、「肢体不自由を有する生徒が、顕微鏡を使って観察実験を行うことに対して難しさを感じる場面が多い」という状況を何度も見てきました。本項では、これらの困難さを解決する上での具体的な取り組みについて報告します。

(1) 授業実践の概要

　顕微鏡はその性質や構造上必ず、安定した土台の下、接眼レンズを覗き込みながらしぼりを回し、対象物が鮮明に見えるよう調整する必要があります。しかし、肢体不自由を有する生徒は、接眼レンズを覗き込みながらしぼりを回すという同時作業に難しさを感じたり、車椅子の高さに合わせた机だと接眼レンズの位置が高すぎてそもそも覗き込むことが難しい、または無理な姿勢を保つ必要があったりする場合が多いことに気付きました。

　これらの困難さを解決するための方策として、接眼レンズから見える映像を Wi-Fi を通して iPad に送り、プロジェクタに映し出すことができる教材「Wi-Fi 顕微鏡カメラ」を使用してみました。Wi-Fi 顕微鏡カメラを使った際の生徒の様子や学習への意欲などをまとめたいと思います。

　対象生徒は、脳性麻痺と視覚認知障害を有しており、脳性麻痺に由来する手先の不器用さや視覚認知障害に由来する見えにくさがあります。生物分野は好きな分野であることからも学習意欲は高いのですが、経験の希薄さから具体物や現象を言葉のみでイメージする力は弱いようでした。しかし、聴覚情報に加えて具体物を見せる等の視覚情報を提示したり体験的な活動を取り入れたりするとイメージがしやすくなる傾向が見られました。そのため、視覚情報を多く取り入れたり体験的な活動を多く取り入れたりすることで、学習理解度の高まりが期待できると思いました。

　理科の学習でよく用いる顕微鏡は、接眼レンズを覗き込み、対象物が鮮明になるように対物レンズを上下させる必要がありますが、障害に由来す

る不器用さや見えにくさから、接眼レンズを覗き込みながらしぼりを回すという行為に難しさがあります。また、使いづらさゆえに顕微鏡の使用に対して少し苦手意識があるようでした。

⑵　授業実践の成果と課題

Wi-Fi顕微鏡カメラを用いた授業の成果ですが、学習のはじめには、顕微鏡を使用することに対して二の足を踏む様子が見られました。しかし、「新型の顕微鏡がある。これを使えば接眼レンズを覗き込む必要がない」ことを伝えると、わくわくとした表情を見せました。

図7-3　iPadに映し出された電子顕微鏡の映像

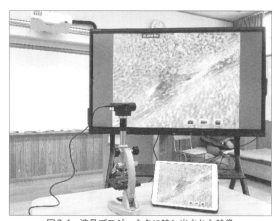

図7-4　液晶プロジェクタに映し出された映像

そして、実際にWi-Fi顕微鏡カメラを使用してみると、プロジェクタに大きく映し出された顕微鏡の映像を見て、驚くと同時に「見えやすいし、使いやすい」という言葉が漏れました。実際に使用している様子を確認したところ、無理な姿勢で覗き込むこともなく、プロジェクタを見ながらしぼりを回す行為が、非常にスムーズに行われている姿が見られました。また、映し出された映像を他の生徒と共有しながら、互いが考えたことを話し合う様子も多く見られるようになりました。

　Wi-Fi顕微鏡カメラを用いた結果、見えにくく、使いにくかった顕微鏡を用いた学習が、教員も生徒も非常に取り組みやすくなりました。生徒の見えにくさと使いにくさが改善されるだけでなく、学習意欲の向上や他者と意見交換を行いながら学習に取り組む、対話的な深い学びにつながったと思います。今回の事例を通して、生徒が学習に取り組む上での具体的な困難さや姿勢の保持などに注視して実態把握を行うことの大切さや、実態把握による困難さの改善について改めて考える機会となったように感じます。今後は困難さの改善のみでなく、学習意欲の向上や深い学びの実現に向けての、効率的なICT機器の利用方法について今後も考えていきたいと思いました。

〈田中　陽太郎〉

2 ICTを用いた特別支援教育としての国語科授業

　国語科の学習において語彙を増やすことは、思考力・判断力・表現力の向上につながります。得た知識を日常で般化していくことも、生活の質の向上につながると考えます。しかし、脳性麻痺などによる肢体不自由から手先の不器用さのある生徒が、漢字を書いたり調べたりすることは労力を必要とし、学習本来の目的以前に書字などに時間がかかり疲れてしまうという課題がありました。また見え方にも困難さがある生徒にとって、画数の多い漢字を調べるときは非常に時間がかかることもありました。本項では、こうした困難さを軽減するために、生徒が日々の授業で活用しているiPadのアプリ「筆順」と「Googleレンズ」を使用してみました。実際どのように使用したか、その様子や生徒の反応を報告します。

(1) 授業実践の概要

　筆者の勤務校には、脳性麻痺に由来する手先の不器用さのある生徒が複数います。中には視覚認知障害を併せ有する生徒もおり、字の見えにくさ、特に画数の多い漢字について正しく読み取ったり書き写したりすることに困難さがあります。しかし「漢字の力を伸ばしたい」という意欲をもち、その中の数名は漢字検定に挑戦しています。これまでの国語科の学習形態では、例えば画数の多い漢字の読み方が分からない場合、辞書で調べることに大きな困難さがありました。「部首索引」「総画索引」「音訓索引」だからです。総画数を何とか予想できたとしても、薄い紙の辞書のページを指先で繰りながら、お目当ての字を見付けることは、疲れやすくなることが多いように見えました。最近ではインターネットを活用して調べることも増えましたが、それでも、「音訓が分からない」「総画や部首が分からない」場合には、そこで立ち止まってしまうことがありました。語句の意味調べでは、文字の入力に時間と労力を要する生徒もいました。そこで、「筆順」と「Googleレンズ」を用いた授業を以下のように進めました。

　鳥取県の有名な観光地の説明を読む学習を行いました。「大山」の説明文に「神聖な山として崇められる」という言葉があり、生徒が「崇められる」という言葉を指差しながら、「この意味が分からないです。調べるにも、

漢字の読み方も分かりません」と言いました。そこで、iPadの「筆順」というアプリを活用しました。これはタブレットの大きな画面に直接指で漢字を書き写すだけで「漢字候補」が複数出てくるものです。その中から自分の調べたい漢字を指先で軽くタップするだけで、アプリ名でもある「筆順」が動画で出てきます。図7-5のように「筆順」で「崇」を検索します。形が少し崩れていても、上に漢字候補が複数出てきます。調べたい字をタップすると読み方が分かります。部首や総画数が分からなくても、そして指先に不器用さがあっても、見たようにだいたい書き写すことができたら、少しくらい字形がゆがんでいてもその漢字の候補が複数出てくるので問題ありません。こうやって、生徒は「あがめられる」という読み方が分かった後、「そういえば聞いたことがあるような気がします」と言いながら意味を調べることができました。

　四字熟語や少々長い語句の意味を調べる際、iPadやパソコンに調べたい言葉を打ち込むことは、かなりの時間と労力を要する生徒もいます。このような場合は、「Googleレンズ」というアプリを使います。これはiPadのカメラ部分を調べたい字にかざし、タップするだけで、その字の読み方や意味が分かるというものです。図7-5右のように、「Googleレンズ」で四字熟語の「勇往邁進」をかざしながらテキスト検索で字をタップする

図7-5　筆順（左）とGoogleレンズ（右）

と、その意味が出てきます。文字を打ち込まなくてもよいので、調べることの効率が上がります。簡単に調べられるので「便利だなあ」と感動に近い言葉が、生徒からも教師からも思わず漏れました。

(2) 授業実践の成果と課題

1人1台端末が導入され、iPadのアプリを使用することによって、漢字の読みや語句の意味調べの学習が、教師も生徒も取り組みやすくなりました。「知りたいと思ったときに、簡単に知ることができる」。この積み重ねは学習意欲や自尊心を保障するものだと思います。ICTの活用によって学習環境を整えることができると、障害に由来する学習の困難さを軽減することができます。それは、生徒自身の「知りたい」「学びたい」気持ちに応えることを可能にします。今後もICTを活用しながら、生徒の学ぶ意欲を高め、「分かる喜び」を提供できる楽しい授業づくりに取り組んでいきたいです。

〈黒田 里理〉

3 関係形成を支援するICT活用

　発達障害児などの支援を要する児童生徒（以下、「要支援児」）と、その周囲の児童生徒（以下、「周囲児」）が良好な関係を築くことは、両者が快適に学校生活を送るために重要であると考えられます。本項では、学校教職員が両者の関係形成に向けた支援を行う際に活用することができるICTツール「教員ナビ」を紹介します。なお、教員ナビの運用については今後「臨床心理iNEXT」が運営主体になって展開する予定であり、2023年10月時点では試用段階となっています。そのため、本項では実際の活用事例ではなく、教員ナビの使い方や想定される活用法について記載します。

(1) 教員ナビの概要と特徴

　教員ナビは、要支援児と周囲児の良好な関係形成に向けて、学校教職員が専門的な知見を活用した支援を検討することができたり、情報を共有・蓄積したりすることができるWebアプリケーションです（一柳他，2021）。

　要支援児と周囲児の良好な関係形成に向けては、要支援児の行動だけに着目するのでなく、要支援児に対する「周囲児の行動（関わり）」に着目することも大切です。その中で、教員ナビは、要支援児の行動だけでなく、要支援児に対する「周囲児の行動」を対象とした支援を検討することができ、その点が教員ナビの大きな特徴となっています。

(2) 教員ナビの使い方

　教員ナビには4つの機能があります。1つ目が、学校教職員が応用行動分析（ABC分析）の知見を活用した支援を検討することができる「支援を見つける」です。ABC分析とは、問題行動（B）が出現したときの先行刺激（A）と後続刺激（C）がどのようなものかを考える方法であり、どのような状況の中で問題行動の悪循環が起こっているかが明らかになります（山本・池田，2005）。教員ナビの「支援を見つける」では、ABC分析の枠組みに基づいて、まず学校教職員が対象の児童生徒の不適切行動（教員ナビでは「困った行動」と表示）と適切行動（教員ナビでは「できている行動」と表示）の「内容」「きっかけ（先行刺激）」「結果（後続刺激）」を観察します。そして、選択肢を活用しながら行動の情報を教員ナビに入力する（図

7-6）と、教員ナビに不適切行動と適切行動のメカニズムが表示されます（図7-7）。

　このメカニズムはABC分析の枠組みに基づいており、不適切行動や適切行動がどのようなメカニズムで生じているかを理解することができます。

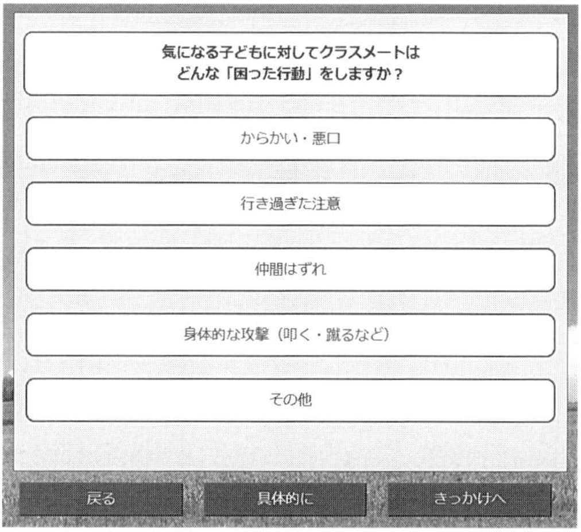

図7-6　周囲児（クラスメート）の不適切行動の「内容」の選択画面

図7-7　周囲児（クラスメート）の不適切行動のメカニズムの表示画面

また、適切行動については、入力された情報を基に「きっかけ」と「結果」を増やす支援が表示され、適切行動を増やしていくための支援を理解することができます。更に、上級編として不適切行動の機能分析を行うことが可能となっており、不適切行動のメカニズムを基に、なぜその行動が維持しているのかという「行動の機能」を検討することで、その「行動の機能」を踏まえた支援を検討することができるようになっています。

教員ナビの2つ目の機能が「共有された支援を見る」です。「共有された支援を見る」は、「支援を見つける」で見付けた支援や入力された情報を、グループ内の学校教職員が自由に閲覧することができる機能です。グループのメンバーは自由に決めることができるため、必要に応じて学校内外の関係者でグループをつくり、情報共有をすることが可能です。

教員ナビの3つ目の機能が「情報共有」です。「情報共有」では、同じグループ内の学校教職員がチャット形式で自由に情報を入力・共有することができ、より自由な情報共有が可能になります。

教員ナビの4つ目の機能が「お役立ち支援集」です。「お役立ち支援集」は、有効な支援方法を蓄積できる機能であり、学校現場で実践されている有効な支援方法や応用行動分析に関する情報などを蓄積することで、多くの学校教職員が有効な支援を活用できるようになると考えられます。

⑶　**教員ナビの活用法**（3つの活用方法）

教員ナビでは、4つの機能を使用して、「1 支援を検討・実施する」「2 支援を共有する」「3 支援を蓄積する」の3点を行うことができます。

まず、「1 支援を検討・実施する」では、教員ナビの「支援を見つける」を使用して、各学校教職員が応用行動分析（ABC分析）を活用した支援を検討し、実施していきます。対象の児童生徒の実際の行動の情報を入力して支援を検討していくことで、一人一人に合った専門的かつ有効な支援の実施につながると考えられます。

次に、「2 支援を共有する」では、教員ナビの「共有された支援を見る」「情報共有」の機能を使用し、任意のグループ内の学校教職員で情報を共有します。教員ナビを活用して、学校全体や関係する学校教職員の中で情報を共有し、多職種の学校教職員が協働して支援を実施していくことで、

より有効な支援が可能となると考えられます。更に、グループ内に応用行動分析の専門家や外部の関係機関の担当者などが入ることで、より専門的な支援につなげていくことや、学校内外の連携を深めていくことが可能になります。

　最後に、「3 支援を蓄積する」では、教員ナビの「お役立ち支援集」の機能を使用し、有効な支援方法やその情報を整理して蓄積していくことで、より多くの学校教職員が有効な支援を活用していくことができると考えられます。

　学校現場で実際に想定される活用法について、教員ナビは要支援児の行動だけでなく、要支援児に対する「周囲児の行動」への支援を検討できる点が大きな特徴となっています。そのため、要支援児に対するいじめが生じている事例や、要支援児と周囲児が良好な関係性を築けていない事例に対して、教員ナビを活用した「周囲児の行動」への支援を実施（各事例に合わせて「1 支援を検討・実施する」「2 支援を共有する」「3 支援を蓄積する」を実施）することで、両者の良好な関係形成をサポートする一助となることが期待されます。

　今後は、学校現場で実際に教員ナビを活用した支援を実施して有効性や課題を検証し、教員ナビを活用した有効かつ学校現場での活用可能性が高い支援を検討・提示していくことが必要であると考えられます。

〈一柳 貴博・下山 晴彦〉

第8章

デジタル・シティズンシップ

この章では、デジタル・シティズンシップと情報モラルについて、その経緯と日本での状況を説明します。

デジタル・シティズンシップ

1 デジタル・シティズンシップ

⑴ 定義と背景

デジタル・シティズンシップとは、高度に情報化されるこれからの世の中において、情報技術の利用における適切で責任のある行動ができるための規範です。そもそもこのデジタル・シティズンシップという考え方は、1998年にアメリカの情報教育の基準が設けられるときに基本となる考え方が示され、その後2007年に国際教育工学会（International Society for Technology in Education: ISTE）によってデジタル・シティズンシップの定義を「生徒は相互につながったデジタル世界における『生活・学修・仕事』の『権利・責任・機会』を理解し、安全で合法的かつ倫理的な方法で行動し、模範となる」と示されています。

> Students recognize the rights, responsibilities, and opportunities of living, learning, and working in an interconnected digital world, and they act and model in ways that are safe, legal, and ethical.（原文）

デジタル・シティズンシップが生まれた背景として、従来型の禁止事項や危険回避による情報モラル教育の限界を受けて、デジタル時代に生きる市民としての責任と行動を共に考えることでジレンマや課題の解決を図ることを目標としています。

その後、2016年以降はSNSなどの広がりを通じて、安全で倫理的な利用や著作権などの法令順守、個人情報の保護などの規定が設けられています。そのデジタル・シティズンシップに関する項目は以下の９つが規定されています。

表8-1　デジタル・シティズンシップの内容

1　デジタル・アクセス（平等なテクノロジーへのアクセス）
2　デジタル・コマース（ネットでの安全な売買）
3　デジタル・コミュニケーション & コラボレーション（情報をネット上で適切かつ安全に共有・協働）
4　デジタル・エチケット（礼儀正しい行動規範によるテクノロジーの利用）
5　デジタル・フルーエンシー（デジタル・テクノロジーの利用・メディア・リテラシーと情報リテラシーを含む）
6　デジタル健康と福祉（デジタル世界における身体的心理的な健康）
7　デジタル法（ネット上で見つけたテクノロジーやコンテンツの合法的な利用）
8　デジタル権利と責任（インターネットの自由と責任）
9　デジタル・セキュリティ（ネット上の安全）

　その後、2017年４月にアメリカのワシントン州でデジタル・シティズンシップ法が制定されました。更に、2022年にユネスコにより「グローバル・パンデミック下のデジタル・シティズンシップ教育」が発表され、国際的な問題とその解決のためのデジタル・シティズンシップの重要性について示されています。

　一方、日本におけるデジタル・シティズンシップは、2020年の中央教育審議会初等中等教育分科会の新しい時代の初等中等教育の在り方特別部会合同会議にて今村久美委員の提出資料に「デジタル・シティズンシップ教育」が示されています。そこでは、「デジタル・シティズンシップは人権と民主主義のための善き社会を創る市民を目指すもの」と示されています。つまり、学校教育においてもデジタル・シティズンシップを育むことの大切さが示されました。そして、日本デジタル・シティズンシップ教育研究会JDiCE（Japan Digital Citizenship Education Research Group）が発足し、日本におけるデジタル・シティズンシップ教育を推進しています。

⑵　デジタル・シティズンシップの教材

　デジタル・シティズンシップ教育において、具体的に何を行うかという

と、情報社会に関わる全てのことが学習の対象となります。例えば総務省が公開している「家庭で学ぶデジタル・シティズンシップ～実践ガイドブック～」に掲載されているテーマには以下の6つが挙げられています。

表8-2　総務省のデジタル・シティズンシップ教育教材

1　メディアバランスとウェルビーイング
2　対人関係とコミュニケーション
3　ニュースメディアリテラシー
4　デジタル足あととアイデンティティ
5　セキュリティとプライバシー
6　ネットいじめ　もめごと　ヘイトスピーチ

また、経済産業省がサポートするSTEAMライブラリーの教材では、デジタル・シティズンシップ教育の項目として、発達段階に応じて以下の8つのテーマが公表されています。

表8-3　STEAMライブラリーのデジタル・シティズンシップ教育教材

小学校低学年向け	じぶんのパソコンをまなびにつかうってどういうこと？
	じぶんのパソコンとじょうずにつきあうには？
小学校中～高学年向け	メディアの使い方、自分でバランスを取るには？
	ネットでのやりとり、どうすれば相手にうまく伝わる？
	責任ある発信ってどういうこと？
中学・高等学校向け	オンラインでの発信が未来や社会に与える影響は？
	情報を編集・発信するときの責任って何だろう？
	みんなが納得する社会課題解決って？

上記の公表された教材2つに共通することとして、児童生徒が主体的に課題を発見し、様々な立場の人の意見も聞きながら、ジレンマを解決するための話し合いがあります。更に主体的に情報を集め、内容の取捨選択を行い、発表することも活動の一部となっています。これは、今までのような教員が主導して知識を教えるタイプの授業では、様々な課題に対応できる子供が育たないため、上記のような方法でデジタル・シティズンシップを学びます。

(3) 展望と課題

デジタル・シティズンシップの考え方は、これからの子供たちに必須の

ものです。なぜならば、これからの社会はデジタル化とともにグローバル化が一気に進むからです。これは、今までの同一の内容を同学年の集団の中で学んでいた学校教育の環境から大きく変化することを意味します。

　更に、GIGAスクール構想やICT活用、STEAM教育などの環境が整う中で、行動や言動の基本となる考え方を学ぶ機会も必須となります。例えば、自分勝手にうその情報を流すことや、仲間内だけだと思っていたいたずらも、拡散されるとそれは即、社会問題として法的な責任が個人に降りかかってきます。今までの学校という子供にとって守られていた環境から、社会や世界につながることで意識しなければならないことが増えたともいえます。

　一方、高度なAI技術により、流れる情報が本物なのか偽物なのかも区別が付きにくくなっている現状もあります。そこでは、確かな情報を選択できること、また間違った情報に出合ったときは少し俯瞰して考えられることなどを学ぶ機会としてデジタル・シティズンシップがあるのだと考えられます。これからの教育において問題なのは、「教えてもらわなかった」ではなく、「学ぶ機会がなかった」ということです。また、そこで取り扱うテーマも時代と共に更新しながら、よりよく生活できるために取り組んでいけることを望みます。

〈山本　光〉

2 権利問題とクリエイティブ・コモンズ

　学校の授業において、多くの場合、教材や資料を使用します。教材や資料として新聞記事や映像資料といった他人の著作物を用いることは日常的に行われています。通常、他人の著作物を私的な目的以外で用いる場合は著作権者や著作権管理者に許諾を得る必要があります。しかし、学校その他の教育機関において著作物を利用する場合、著作権法第35条によって一定の自由利用が認められています。ただし、自由利用の範囲は厳格に定められており、学校で利用するものであればどのように利用してもよいというものではありません。現行の著作権法第35条の条文はICT教育に対応するため2018年の5月の著作権法改正によって修正・追加されたもので、2020年の4月に施行されました。使用する教材・資料の許諾必要性については、文化庁著作権課より、図8-1のフローチャートが出されていますので、これに沿って判断する必要があります。

　ただし、第35条が適用される場合においても、教員が他人の著作物を用いて作成した教材を児童生徒の端末に送信したり、クラウドやサーバにアップロードしたりすることなど、授業の過程で利用するために必要な公衆送信を行う際はSARTRAS（授業目的公衆送信補償金等管理協会）を通して補償金を支払う必要が発生する場合があります。タブレット端末などのICTを利用した授業やオンライン授業やオンデマンド授業を行う際には特に注意し、著作物の教育利用に関する関係者フォーラムが公表している「改正著作権法第35条運用指針」や文化庁著作権課が発行している『学校

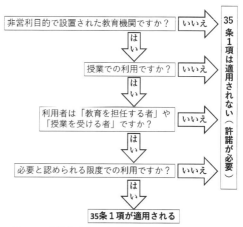

図8-1　著作権法第35条適用可否のフローチャート
（筆者により一部文言を追加）

① 表示−継承	② 表示
クレジット表示に加えて、元のコンテンツと同じCCライセンスでの公開を条件に利用可能	クレジットを表示することを条件に、改変して利用することや営利利用が可能

③ 表示−非営利	④ 表示−改変禁止
営利利用は禁止しているが、クレジットを表示することで改変して利用可能	改変利用は禁止しているが、クレジットを表示することで営利利用を含めて利用可能

⑤ 表示 - 非営利 - 改変禁止	⑥ 表示 - 非営利 - 継承
営利利用の禁止且つ改変しないこと、クレジット表示することを条件として利用可能	営利利用は禁止しているが、クレジット表示と元のCCライセンス公開を条件に利用可能

図8-2　CCライセンスのマークと意味

における教育活動と著作権』の最新版を確認するようにしてください。

　また、権利関係の煩雑な処理を避けるため、著作者が利用条件を世界共通のマークで表示するクリエイティブ・コモンズ・ライセンス（以下「CCライセンス」）を採用している著作物を利用するのも有効な方法です。国や地方公共団体がインターネット上で公開しているデータの多くでCCライセンスが活用されており、身近な例ではフリー百科事典のWikipediaも記事は原則としてCCライセンスで提供されています。CCライセンスには「表示」（BY）、「非営利」（NC）、「改変禁止」（ND）、「継承」（SA）の4種類の条件を組み合わせた6種類のマークがあります。以下に実際のマークとその意味を掲載します（上野, 2021）。

　学校その他の教育機関においての著作物の利用について定めた著作権法第35条はいまだ判例が存在せず、解釈の余地がある論点が多いとされています。判断に迷った際は、「改正著作権法第35条運用指針」（ガイドライン）や文化庁のホームページを確認し、著作物を適切に使用する姿を児童生徒に示すことも教員として重要な姿勢といえます。

〈前田　裕介〉

3 ネットいじめとサイバー監視

(1) ネットいじめとは

ネットいじめとは、広く「インターネットを媒介に行われるいじめのこと」を指します。具体的には、X（旧Twitter）やInstagram等のSNS、LINEなどのコミュニケーションアプリ、ゲーム機に備わっているチャット機能、メールやブログなどの多種多様なサービスを介します。

文部科学省（2022）の調査によると、「いじめの態様のうちパソコンや携帯電話等を使ったいじめ」は全体の3.6%（21,900件）でした。

今後低年齢層を問わず、全世代別に加速化すると見られるスマートフォン等の情報機器端末の所有率やSNS等の利用率を踏まえると、ネットいじめの件数は増加すると考えられます。そのため、ネットいじめとはどういった問題なのか、未然防止と対策には何ができるのかを考えていく必要があります。何よりも、私たち一人一人が誰もいじめによって心身の健康や生命の危機を感じることがない社会を目指していく必要があります。

(2) ネットいじめの特徴

2020年東京都町田市の市立小学校に通う子供がいじめを受けて自殺していたことが判明しました。いじめに用いられたのは、コロナ禍の影響で前倒しとなった、いわゆる「GIGAスクール構想」で配備された1人1台のタブレット端末のチャット機能でした（なお、この小学校はGIGAスクール構想の先進校でタブレット端末配備が推進されていました）。

事件のあった小学校で配備されたタブレット端末の起動時パスワードは「123456789」で統一されており、IDは学級と出席番号の組み合わせとなっていました。自殺した児童の遺書にはいじめの内容と氏名が記述されていたとのことですが、これらの杜撰な管理や環境により、早期発見や問題の特定に至らなかったと考えられます。

それでは、ネットいじめとはどのような特徴をもつものなのでしょうか。文部科学省「『ネット上のいじめ』に関する対応マニュアル・事例集（学校・教員向け）」（2008）では、ネットいじめを次のように特徴付けています。

・不特定多数の者から、絶え間なく誹謗・中傷が行われ、被害が短期間で極めて深刻なものとなる。

・インターネットの持つ匿名性から、安易に誹謗・中傷の書き込みが行われるため、子どもが簡単に被害者にも加害者にもなる。

・インターネット上に掲載された個人情報や画像は、情報の加工が容易にできることから、誹謗・中傷の対象として悪用されやすい。また、インターネット上に一度流出した個人情報は、回収することが困難となるとともに、不特定多数の他者からアクセスされる危険性がある。

・保護者や教師などの身近な大人が、子どもの携帯電話等の利用の状況を把握することが難しい。また、子どもの利用している掲示板などを詳細に確認することが困難なため、「ネット上のいじめ」の実態の把握が難しい。

上記4つの特徴は近年におけるネットいじめ問題を説明するに当たっては今日においても有効といえるでしょう。例えば、先に挙げた町田市の小学校の事例では、事件発覚まで被害者の両親はいじめの実態を知りませんでした。子供たちの生活の中で自由にインターネットを使用して他者とつながることができる一方、そこで築かれる人間関係というのは第三者からは可視性が低いため、何が起きているのか分からず（閉鎖性）、投稿する者を特定することも容易ではない（匿名性）ものとなります。

(3) サイバー監視によるネットいじめ対策と課題

法整備の観点では、2013年に「いじめ防止対策推進法」が施行され、各学校を単位として「学校いじめ防止基本方針」の策定、「学校いじめ対策組織」の設置、いじめに対する措置が義務となりました。このような各学校の取り組みがある一方、ネットいじめの特徴ゆえに未然防止に対しては大きな効力があるとはいえません。

特に、インターネットの使用は学校による啓発や被害窓口を設置したとしても、いずれも各家庭や個人の努力に依存する部分があります。例えば、

「青少年が安全に安心してインターネットを利用できる環境の整備等に関する法律」では、各携帯電話会社に有害なサイトにアクセスしないようにするフィルタリングサービスの導入を義務付けていますが、総務省「我が国における青少年のインターネット利用に係るフィルタリングに関する調査」(2021) によると、小学校低学年から高校生まで共通してフィルタリングサービスの利用率は30%程度です。フィルタリングサービスを解除した理由については第1位が「子供にとってフィルタリングが不便と感じたため」(31.3%)、第2位が「フィルタリングを利用しなくても子供の適切なインターネット利用を管理できるため」(29.2%)となっています。

フィルタリングサービスの特性上、全ての有害サイトをブロックすることはできませんし、インターネット利用やSNS等のアプリへの幅広いフィルタリングサービスは、かえって利便性の低下や子供からの同意が得られないものになります。

そこで近年注目されているのが、そもそもインターネットやアプリに保護者が使用制限をかけるのではなく、子供たちがそれらツールを使用する中で、潜在的な危険性が検知された際に保護者に通知するペアレンタルモニタリングのサービスです。

ペアレンタルモニタリングのサービスは、例えば、fiLii (以下「フィリー」、エースチャイルド株式会社) がサービスを提供しています。これは、子供のSNSアカウントに保護者がアクセスすることを子供自身が許可することで、データの自動収集・分析を行い、危険を検知することができるサービスです。このフィリーには、大きく2つの特徴があります。

第1に、ダイレクトメッセージやコミュニケーションアプリも分析対象であることです。これらは、いじめや犯罪の原因となり得る場合でも、個人でのやり取りであるがゆえに保護者や身の回りの大人が気付きにくい部分でした。それらを分析対象とすることでトラブルの回避を目指しますが、会話の原文は保護者に開示されないため、子供たちのプライバシーを保護することができます。

第2に、大量のデータから自動的にリスクを早期発見できることです。子供たちは日々、多くのメッセージをやり取りしています。そのため、全

てのデータを保護者が分析することには限界がありますが、アプリの使用時間や誰とどのくらいやり取りをしているのかなどのアクティビティ分析、危険性検出の危険度別・カテゴリ別の件数表示などの統計情報も自動的に分析されることで、効率的にリスクがある事象に対処できます。

　これらモニタリングサービスを用いても全てのネットいじめ根絶へつながるわけではありません。しかしながら、いじめ問題で凄惨な事件が起こった後に保護者が初めて我が子が苦しんでいたことを知るということを減らすことができるでしょう。何よりも、未然防止という意味において子供たちを危険から守ることに大きく寄与するものとなるでしょう。

　重要なのは、確かな安全配慮の中で、情報倫理を含めた、インターネットの使い方を学んでいくことです。「転ばぬ先の杖」という発想で全てを先回りして防ぐのではなく、子供たちの権利と安全を守りつつも、トラブルが起きたときに、インターネットについて考える機会として前向きに受け止め、子供たちの情報倫理を育んでいきたいものです。そして、その土台となるのは、保護者による「監視」ではなく、信頼関係に基づく「情報の共有」であることは言うまでもありません。

〈栗原　崚〉

1 個人情報保護の実践～写真の取り扱い方を知ろう～

　児童生徒がICTに触れる機会が増えてきていますが、それに伴う個人情報の取り扱いへの意識は高まっているでしょうか。個人情報が流出すると、それを発端としたトラブルに巻き込まれる可能性があります。そこで、本項では、写真を使用する際の個人情報の取り扱いに関する授業実践を紹介します。

⑴ 授業実践の概要

　本実践では、特に「個人情報」「写真の取り扱い方」「インターネットの特性」を主題として授業を行いました。「インターネットの特性」については、児童の発達段階を踏まえ、①インターネット上に発信した情報は消すことができないこと、②限定した発信であっても外部に漏れる可能性があること、③発信した情報を第三者が閲覧してしまう可能性があること、の3点に絞って指導しました。

　「LINE ワークショップ写真編」を教材（図8-3）として、横浜市立小学校第1学年児童29名を対象に実践を行いました。本実践の目的は2つあります。第1

図8-3 「LINEワークショップ写真編」指導資料の一部

に他者との考え方や感じ方の違い、インターネットの特性、インターネットが及ぼす影響について知ることです。第2に相手の気持ちや適切な判断、行動について考えようとする態度を養うことです。

　まず児童は、変顔、食事中、睡眠中、運動中、自分の部屋、の5つの種類の写真を撮影されてもよいかをワークシートに記入しました。ワークシ

ートをペアで見せ合いながら意見を交換して、その後に全体で意見交流を
し、教員が板書して共有しました。このとき、写真を撮影されたくない理
由について、「恥ずかしい」「笑われたくない」など様々な意見が挙がりま
した。児童同士の意見を聞き合う中で、「そんな考え方もあるんだ」「自分
も同じだ」と発言があり、児童は撮影されたくない写真が人によって違う
ことに気付きました。次に、インターネットの３つの特性を全体指導しま
した（図8-4）。

　続いて板書に挙げた５つの写真の種類の中から公開してもよい写真を個
人で考え、ワークシートに記入しました。公開してもよいかどうかに関す
る意見やその変化をペアで見せ合いながら話しました。最後に、他人の写
真を勝手に撮影したり、インターネットに公開したりしてはいけないこと
を全体で確認しました。

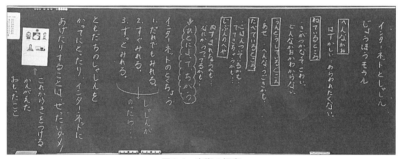

図8-4　実際の板書

(2)　授業実践の成果と課題

　家や学校で自分の写真を撮影されることは児童にとって身近なことであ
り、撮影されてもよいかという課題は児童にとって考えやすいものでした。
また、全体で共有することを通して、他者との考え方や感じ方の違いを知
ることができました。

　また、インターネットで他の児童を傷付けてしまったり、犯罪に巻き込
まれてしまったりする可能性があることを知り、「怖い」と言葉にする児
童もいました。図8-5は児童がワークシートに写真を撮影してもよい、
公開してもよいか可否を付けたものをグラフにまとめたものです。これを
見ると第１学年の段階で、写真を撮影されることの怖さを知っている児童

が多くいることが分かります。

　また図8-6に見られるように、インターネットの特性を踏まえて、撮影の可否と公開の可否の区別が付けられていることがうかがえます。写真の取り扱い方について考えられる授業であったといえます。

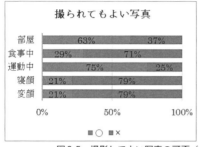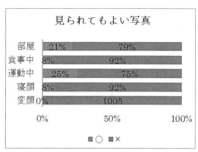

図8-5　撮影してよい写真の可否（左）、公開してよい写真の可否（右）

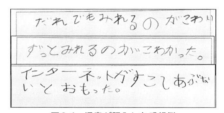

図8-6　児童が記入した感想例

　第1学年であるがゆえに、インターネットに触れた経験が少ない児童にとっては、情報を公開することは想像しがたいものでした。その一方で、ゲームやスマートフォンなどの機器を頻繁に使用している児童もいたため、同じ前提で話し合うことは容易ではありませんでした。しかし、トラブルの予防という観点から考えれば、多くの児童がインターネットを多用するまで指導を遅らせるのではなく、低学年の間から指導することも必要といえます。

　どの学年で指導するとしても、使用頻度やスキルに差があることは当然のことであり、それらの児童が実感的に理解できるように手立てを講じていくことで、指導の効果はより高まるでしょう。

〈山田　誠紹〉

2 ファクトチェックの実践～正しい情報の見分け方～

　教科の学習をはじめ、学級活動や総合的な学習の時間など様々な場面で調べ学習は行われます。1人1台の端末が配布されたことによって、インターネットを利用した調べ学習が行われるようになりましたが、調べ方や情報の内容について触れる機会は、必ずしも多くはありません。本実践は、情報の発信元に着目し、正確な情報を見分けられるようにすることを目的として行いました。

⑴　授業実践の概要

　本単元では、インターネットという場は、様々な団体や個人が自分の考えや意見を自由に表現し発信している場であると理解し、正しい情報を見分ける方法を身に付けることを主題としています。その中でも、特に「情報を集めるときには、その情報は誰が発信しているのかを確かめる」「本当に正しい情報であるかを他のサイトと見比べて確かめる」ことなどを指導することに重点を置いて実践しました。

　授業実践は東京都の私立小学校第4学年児童112名を対象に行いました。課題名を「バリアフリーって何だろう」とし、バリアフリーについてインターネット検索を利用して調べ学習を行いました。まず、インターネットで調べる際の注意点などを児童に伝えた後、インターネットでバリアフリーについて検索をしました。その後、自分にとって分かりやすいと思うページを要約し、授業支援ソフトでまとめました。

　ここで「ウィキペディア（Wikipedia）フリー百科事典」（以下「ウィキペ

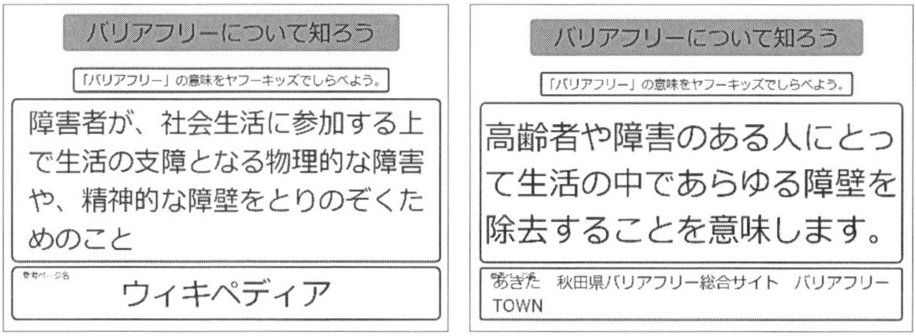

図8-7　児童が検索し要約したバリアフリーの意味

ディア」）を引用した児童を例として、情報の正確性という本単元の主題に迫りました。小学生のスマホ保有率が高まっているという現状から、X（旧Twitter）、Instagram、Facebookを代表とするSNS（ソーシャルネットワーキングサービス）における、虚偽の情報を含む情報やフェイクニュースについて題材とすることも可能です。しかし、難易度の高さや、主なSNSの年齢制限が13歳以上であるということを踏まえ、本実践では、ウィキペディアを題材とすることにしました。

　ウィキペディアとは、世界中のボランティアの共同作業によって執筆及び作成されるフリーのインターネット百科事典です。つまり匿名の不特定多数が編集するもので、公開される前に編集者や査読者などの他人のチェックを受けていません。このことから、掲載内容に誤りがある可能性があり、ファクトチェックを行うことを児童に伝えます。

　ファクトチェックとは「社会に広がっている情報・ニュースや言説が事実に基づいているかどうかを調べ、そのプロセスを記事化して、正確な情報を人々と共有する営み」（ファクトチェック・イニシアティブのWebサイトより）です。児童には、本当にその情報が正しいのか確認することの必要性をについて説明した上で、2つ以上の資料を参考にして調べ学習を行うように指導しました。

　その後、バリアフリーと関連する概念として、ユニバーサルデザインについて、ファクトチェックを行った上で図8-8のように要約しまとめました。

図8-8　児童が検索し要約したユニバーサルデザインの意味

⑵　授業実践の成果と課題

　授業は 3 時限計120分間の活動で、1 時限目でインターネット検索の方法について学び、実際にバリアフリーについて検索してまとめました。2 時限目ではまず、前時にまとめたバリアフリーについて全体の共有と振り返りを行いました。その後ファクトチェックについて学んだ後、ユニバーサルデザインについて検索してまとめました。3 時限目では前時にまとめきれなかったものの続きを行い、その後全体共有を行いました。

図8-9　検索する児童（左）と検索内容をまとめる児童（右）

　児童たちはバリアフリーとユニバーサルデザインについて調べる活動を通して、信頼できる正確な情報かどうかを確認することを経験しました。ユニバーサルデザインについてまとめる際には、バリアフリーについてまとめる際にはなかった、注意深く複数のサイトを閲覧しまとめていくといった様子をうかがうことができました。

　また本実践の中では、実際の記事を編集する様子や、いわゆる「荒らされているページ」を実際に閲覧することで、本当にその情報が正しいのか確認することの重要性を学ぶことができました。

〈赤羽　泰〉

3　誹謗中傷予防の実践

　SNSの普及に伴い、そこでの様々なトラブルが増加しています。本項では特に、SNS上でメッセージを送信するときの注意点を理解する授業実践を紹介します。

(1)　授業実践の概要

　授業実践は私立中高一貫校の中学校第1学年38名を対象に行いました。本授業は意図せぬ誹謗中傷の防止に焦点を当てて、①誤解を与えないメッセージの送信方法、②誹謗中傷が拡散する危険性、を主題に実践しました。

　主題①ではGoogleフォームを用いて図8-10を提示し、生徒は自由記述式で登場人物のAさんが感じることを予想し回答しました。「あなたのせいじゃない」という言葉は、励ましとも相手への非難とも解釈できます。複数の解釈が可能なため、Aさんを意図せず傷付けてしまう可能性があります。このため、自分の送るメッセージが誤解を生じる可能性がないかを確認し、必要に応じて文章自体を変更することが望ましいといえます。以上のことを踏まえて、誤解を生まないメッセージの送信方法をグループで検討しました。その後に各グループでGoogle Jamboardを利用し、検討内容を全体に共有しました。

Aさんのチームはテニスの大会で負けてしまいました。次のやり取りはチームのグループラインに試合後、Aさんがメッセージを送信したところBさんが返信した様子です。受け取り手のAさんの気持ちになって感じることを考えてみよう。

Aさん：今日の試合、私、思うように動けなくてごめんね。今日は負けちゃったけど、次は勝てるように、またチームのみんなで頑張ろうね。

Bさん：何を言っているの？あなたのせいじゃない。

図8-10　主題①の場面状況

　主題②でもフォームを用いて図8-11を提示し、「Aさんが言ったことはごく少数の人しか知らない情報だったのに、学校内外に拡散されてしまったのはなぜでしょうか？」と質問しました。拡散方法については「口頭で拡散」と「SNSで拡散」に分類し、SNS上の情報は拡散しやすいことを全体でまとめました。

BさんはAさんの前の席に座っており、授業中時折、後ろを向いて消しゴムなどの文房具を無断で借り、使用することがありました。ある日、BさんはAさんが大事にしている家族からもらったボールペンをいつもと同じように借りていき、さらに、Bさんはそのボールペンを落としてしまいました。それをみたAさんはとても不愉快に思い以下の文を知り合いのみがフォローしているTwitterで投稿してしまいました。

Bに大事にしているボールペン勝手に借りられて、勝手に落とされて本当に信じられない。

Bはすぐ人のものを勝手に借りて、お礼も言わずに使ってくる。

Bは普段から万引きしていてもおかしくない泥棒だ。

その結果、Bさんは学校中に泥棒だと噂されるようになり、次第には学校外にも噂は広がり、学校に通えなくなってしまいました。

図8-11 主題②の場面状況

(2) 授業実践の成果と課題

　授業は50分×2回で実施し、主題①と主題②についてそれぞれ検討しました。主題①では「あなたのせいじゃない」の捉え方に関して22人が「励ましの言葉」、8人は「相手への非難の言葉」、4人は「複数の解釈が可能である言葉」と回答しました。全体共有後に、異なる解釈が存在することに気付いた生徒は、「励ましたつもりが傷付ける可能性があって怖い」や「大会後使っちゃいそう」などと述べていました。

　その後グループで対策方法を検討しました。具体的には、送信する文章を確認することや文章表現を工夫することなどが挙げられました。ある生徒から「自分の送信するメッセージが誤解を生じさせる可能性があるかどうかは簡単に判断が付かない」という意見が出たことをきっかけに、絵文字やスタンプを付けるほうがよりよいと考える生徒が増えました。

　主題②では「Twitterを他のクラスや他校の生徒に見せた」や「家族に見せた」「スクリーンショットをグループラインに貼った」などが挙がりました。

　ここで授業者が拡散方法を比較するように促しました。最終的には「口頭での拡散」と「SNSでの拡散」を、「拡散のスピード」と「情報の確実性」の2観点で比較しました。その結果、SNSは不特定多数に一斉送信できることから「拡散のスピード」が速く、スクリーンショットや動画などで「情報の確実性」が高くなるために炎上しやすいという結論に至りました。

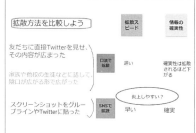

図8-12　主題①のまとめ（左）と主題②の拡散方法の整理（右）

授業後、「意図していない発言が残り続けたり、一瞬で拡散したりすることはあまり考えていなかった」という感想があり、生徒は今までのSNS上での発信を振り返っていました。また、「飲食店についてSNSで発言したときに予想以上に炎上し、多額のお金を払うことになるかもしれないのが怖い」のように、人間相手ではなく飲食店や企業などに対するSNS上での発信に危機感を覚えている生徒もいました。

　今後は一度発信した内容がインターネット上からは消えないことも併せて題材にすることで、SNS上での発信に関する危険性をより深く理解できるよう促すことができると考えています。

〈大石　泰範〉

第9章

ICT教育の可能性と未来の学び

この章では、多言語環境やアバター、メタバースが実現する学びの空間など、ICT
教育の可能性と未来の学びについて明らかにします。

第1節 ICT教育の可能性

1 CLIL学習と複言語教育

⑴ 定義と特徴

CLIL（Content and Language Integrated Learning）は、言語と学問内容を
統合的に学習する教育手法のことです。その言語を使用して他の学問領域
の内容を習得します。例えば、英語を第二言語とする生徒が、数学の授業
を英語で受けることで、第二言語のスキル向上とともにその教科内容を学
んでいきます。CLIL学習は、特に多言語環境で行われる学校や教育機関
で一般的に利用されています。帰国子女が第二言語として、日本語を学ぶ
中で教科の内容を学ぶこともCLIL学習の１つであるといえます。

複言語教育（Multi language Education）は、複数の言語を使用する教育
手法のことです。複言語教育は、文化に焦点を当てた多言語教育
（Multilingual Education）に対し、言語のスキルと理解を深めることに重点
を置いています。複言語教育の目的は、児童生徒に様々な言語を学ぶこと
を通して、複数の言語に対する理解とコミュニケーションスキルを向上さ
せることです。CLIL学習や複言語教育は言語的な多様性を尊重し、児童
生徒の言語能力と文化的な理解の促進を目指しており、これからの教育を
見据えたとき、児童生徒の異文化コミュケーションスキルの向上や国際的
な視野の拡大につながることが期待されます。

⑵ 学習者のためのICT

CLIL学習と複言語教育の対象となる児童生徒は、第一言語が日本語、

第二言語がフランス語、第一言語が英語、第二言語がドイツ語など様々です。本項では、公立小・中学校でのCLIL学習と複言語教育の対象となる学習者を小学校の帰国子女として考えていきます。そして、第二言語の日本語を学びながら教科の学習をすることを例に、ICTの活用について指導の実際を踏まえて概観していきます。

① オンライン学習プラットフォーム

　まず、CLIL学習や複言語教育を行うため、オンライン学習プラットフォームの活用を紹介します。例えば、「スマートレクチャーわくわく算数」は、啓林館の教科書にある単元の学習を動画で説明しています。教科書の内容と同じものを扱っているので、問題の把握ができたり、解決の糸口をつかめたりすることができます。そのため、児童は自宅や学校外で第二言語である日本語と教科の学習を学ぶ機会を得ることができます。特に、第二言語である日本語で計算の仕方を説明することは、帰国子女の児童にとっては大変困難な取り組みです。計算の仕方をどのような日本語を使って説明すればよいのか分からないからです。そこで、スマートレクチャーの動画を見て、自分の説明したい言葉を確認させます。そして、自分の言葉で説明するようにしていきます。

② 言語学習アプリ

　次に、児童の言語スキルを向上させるための言語学習アプリの活用を紹介します。文法や語集の学習、発音練習、読解力向上のためのアプリを使って、言語的な柔軟性を促進します。Webで必要なアプリを探すこともできますが、自作もできます。図9-1のように、物語や説明文を範読した音声データを活用する方法も

図9-1　物語や説明文の範読

あります。日本語の聞き取りが苦手な児童には、物語や説明文の範読の音声データを渡します。担任が範読した音声でもかまいません。同じお話を何度も聞かせることで、児童は日本語の発音やイントネーションに慣れていきます。

③　オンライン辞書と翻訳ツール

　オンライン辞書や翻訳ツールは、児童の言語理解をサポートします。特に翻訳ツールは異なる言語間で単語や表現の意味を素早く調べることができ、音声入力も可能です。ただし、翻訳ツールの使用には注意が必要です。例えば、割合の学習中に「ratio」と発言した児童がいたため、ほかの児童が翻訳ツールでその意味を調べたところ「比率」と表示されました。しかし、児童が本当に話したかったのは「割合」についてです。このように翻訳ツールは必ずしも文脈に適した対訳を与えるわけではありません。それは言語がそれぞれにもつ意味の幅を考えるなら十分に起こり得ることなのですが、それが教科の概念形成に関わる専門用語である場合、教員による適切な指導が求められます。

④　動画コンテンツ

　帰国子女の児童にとって、日本での生活経験に差や馴染みのないものがあるため、社会科で扱う農業や産業、歴史などの学習に難しさを感じてしまう場面があります。そこで、NHK for School などの

図9-2　「ならす」場面の映像

映像を活用し、学習のサポートをすることができます。また、児童が経験したことを映像にまとめ、授業で見せることで学習の手立てにすることもできます。例えば、図9-2は算数科第5学年「平均」の第1時に使用した映像の一部です。「ならす」という言葉について学習しますが、帰国子女の児童にとって、馴染みのない言葉です。そこで、実際に、トンボを使って平らにする場面や、コップに入ったジュースを多いほうから少ないほうへ入れ替える場面、配られたトランプの枚数が違うときに一度集めた場面などの映像を見せます。映像を見ることによって、児童は「ならす」ことについての具体的なイメージをもつことができます。

⑤　学習の振り返りをしやすい板書

　ICT を活用することによって、黒板による板書よりも学習の振り返り

を更にしやすくすることができます。例えば、算数科第5学年「三角形の作図」の学習では、図9-3のように、自力解決中に児童が作図している様子の写真を、板書に反映することができます。写真に書き込んだり、動画を板書

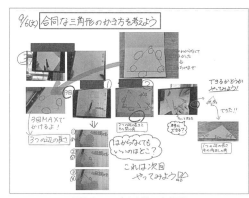

図9-3　アプリを使った板書

に反映したりできます。その結果、帰国子女の児童にとっても学習の振り返りがしやすくなります。

(3)　展望と課題

　文部科学省が提供する「かすたねっと」のように、外国につながりのある児童生徒の学習を支援するサイトが整備されるなど、児童が日本語を学びながら教科の学習を深める手立てはこれまでも多くの工夫がなされてきました。また、ICT はオンライン辞書や翻訳ツール、多言語の学習アプリケーションをはじめ、言語スキルをサポートする多くのツールを提供するなど、多言語環境で教材や学習リソースへのアクセスを可能にします。更に、ICT を活用することで、VR（仮想現実）で仮想的に異なる文化に触れたり、オンラインプラットフォームやコラボレーションツールを使用しながら異なる言語で学習や調査を進めたりすることも可能になります。

　その一方で、複数の言語環境に育つ中で、どの言語も年齢に応じたレベルに達することができなくなるセミリンガル（ダブルリミテッド）の問題は無視できません。日常会話はできても学習言語（Cognitive Academic Language Proficiency）が身に付いていない児童生徒は授業の内容が理解できないからです。また、一時的なダブルリミテッドにある児童が特別支援学級に誤配置されるケースも指摘されています（松田・中川，2018）。そのため、概念形成を含む適切な言語習得に向けた指導が求められます。

〈神保　勇児〉

2 不登校対策としてのアバター活用による修学支援

　不登校とは、何らかの心理的、情緒的、身体的あるいは社会的要因・背景により、登校しない、あるいはしたくともできない状況にあるために年間30日以上欠席した状態を指します。そこでは病気や経済的な理由による者は除外されますが、コロナ禍での通学制限による生活リズムの乱れなど様々な原因によって増加傾向にあり、小・中学校の不登校児童生徒数は約299,000人に上っています（文部科学省，2023）。こうした学校や社会との接点が希薄になった不登校児童生徒に学びの機会を保障する上で、別室登校や不登校特例校、適応支援教室、フリースクールなどの様々な支援があります。そうした従来の対応に加えて、現実空間（学校教室）や仮想的なデジタル空間（メタバース）におけるアバター利用による学習参加支援がICTを活用した新たな方策として注目されています。

　アバターとは自己の分身となるキャラクターであり、仮想空間上の画像やそれを現実空間に実現するアバターロボットがあります。これらのアバターを用いた修学方法は大きく2つに分かれます。第1に、メタバース（仮想空間）に特有の居場所をつくるバーチャルな方法です。第2に、タンジブルな機械アバターを用いて実際の教室での活動に参加する方法です。

　第1の方法では、いわゆる画像アバターを用います。児童生徒は自宅から情報端末でメタバースにログインし、好きなアバターを選んで図9-5左のような仮想校舎に入ります。そこで自分のアバターを周りのアバターと近接させて音声や文字のチャット機能を用いて自在に交流します。こうした画像アバターによるメタバース参加は、仮想空間上のフリースクールのように現実世界での学校の代替となり得ます。それは不登校支援にとどまらず、時間と空間に制約されない次世代型教育としても注目されます。

　第2の方法ではアバターロボット、図9-4右のようないわゆる分身ロボットとして遠隔操作するアバターを用いることで現実空間での通常授業や行事に加わることができます。このアバターロボットによる学校への直接登校は、仮想校舎や教材を別途準備する必要がないので活用範囲が広く、実世界における社会参加や就労支援にもつながっています。

図9-4　アバターの例（左FAMcampus、右OriHime）

　こうしたアバターを活用した修学支援の共通のメリットは、対面でのコミュニケーションに抵抗がある児童生徒に対して対人関係のハードルを下げて周囲との交流を促すことです。学校に馴染みにくい児童生徒がアバターを介して集団生活を送ることができれば、社会とのつながりを補う一助となります。また、何十万人にも及ぶ不登校児童生徒への個別対応を一斉対応に近付けることは、教育行政上の省力化への期待にもつながります。

　ポストコロナ期の現在、アバター活用による不登校児童生徒への修学支援への期待は高まっており、すでに東京都や京都府、埼玉県や三重県、岐阜県などにおいて多くの先進的な取り組みが行われています。その多くでは地域行政とNPO法人などの支援団体が包括的に連携して取り組んでおり、文部科学省による実証事業も始まっています。

　アバターを利用した復学支援は、不登校児童生徒に対して学ぶ場所への参加方法の選択肢を増やし、多様な学びの機会を保障します。学校生活に困難を抱える児童生徒の社会との接点をつくることは、将来の社会的自立へと促す第一歩となります。こうした試みを支える上で、アバター活用での学習参加を正当に評価して指導要録上の出席扱いとする制度を整えるなど、広く学校内外の社会において共通理解を図っていく必要があります。

〈小原　豊〉

3　メタバースでの没入型学習

　メタバース（metaverse）とは超越（meta）と世界（universe）を組み合わせた造語であり、インターネット上に構築された仮想的なデジタル空間を指します。雨宮（2023）はメタバースを「多人数が同時にオンラインで社会的活動が可能な3Dバーチャル空間」と定義する立場を支持しつつ、VR（仮想現実）とAR（拡張現実）をその基幹技術として位置付けています。それらは、VRが現実の世界から仮想の世界にアクセスする技術であるのに対し、ARは仮想の世界にあるオブジェクトを現実の世界にデジタルデバイスなどを用いて出現させる技術であると考えることができます。特にVRについて、Zhaoら（2021）はユーザがデスクトップのディスプレイで体験するデスクトップ型VR(dVR)とヘッドマウントディスプレイ(HMD)を使用して体験する没入型VR（iVR）とを区別します。このように「没入型」という表現はHMDを使用する文脈で用いられます。

　文部科学省（2019）は先端技術の機能に応じた効果的活用についてAR・VRの機能や効果、留意点を次のように示しています（図9-5）。

図9-5　AR・VRの効果的な活用

（機能）

　AR（Augmented Reality：拡張現実）技術を活用し、現実世界に追加情報を付加することで、情報をリアルタイムで提供することができる。また，VR（Virtual Reality：仮想現実）技術を活用し、様々な形で作られた現実のような世界に、ユーザー自身が入り込む感覚になることで、現実では体験できないことに関して、リアルな疑似体験をすることが

できる。

（効果）

　ARについては、現実世界に様々な情報が付加され、リアルタイムで提供されることで、子供が興味を引かれたものに対してすぐに必要な情報が提供されるなど、調べ学習等に効果的に活用されることが想定される。VRについては、通常では経験できないことを疑似体験させることで、言葉や映像を通じた指導だけよりも、現実感をもった経験をすることでより効果的な学びを得ることができる。

（留意点）

　ARは、機器等の操作に気をとられた事故等に注意が必要である。VRはリアルな疑似体験が現実社会においても恐怖心や嫌悪感を抱くことにもつながる可能性があることに留意が必要である。また、いずれも、利用する場面等を考慮して指導に使うとともに、子供の実体験も大切にすることが必要である。

　メタバースは時間や空間、物理的な制約を超えた実践的な経験の場を学習者に提供します。そこで、雨宮（2023）は、メタバースの教育分野への応用について同期型と非同期型という観点からその可能性に言及しています。同期型ではメタバースで海外留学ができたり、野外学習で歴史的に意味のある場所に行き、時間を超えた体験を付与することで記憶として現実に持ち帰ったりすることなどを可能にしています。非同期型では森林や海洋の生態系を体験したり気候変動の影響を感じたりするシミュレーションや、現実の場面に向けた経験を積む場などの実現を可能にしています。

　また、Zhaoら（2021）はdVRとiVRを比較することで没入型学習の学習成果や学習動機に対する長期的な影響を調査しました。没入型の学習環境は豊富な感覚情報により感情や臨場感を高めます。その一方で、使用当初は本質的な処理から学習者の注意をそらすような認知的負荷が生じるという課題があります。そのため、没入型学習ではまず学習者が環境に慣れる段階も考慮に入れつつコンテンツを設計することが求められます。

〈北島　茂樹〉

1　同時翻訳アプリの活用

　日本語指導が必要な児童生徒の増加に伴い、言葉の壁によってコミュニケーションが取れない現状があります。これを解決し共生社会を実現するために、本項では、iPad にプリインストールされた、音声とテキスト入力で即時に翻訳できるアプリケーション「翻訳」を使った実践を報告します。

⑴　授業実践の概要

　本実践は横浜市立小学校第4学年児童30名を対象に行いました。また、学級には外国につながりのある児童が3名在籍しています。そのうち児童Aは中国で生まれ育ち、来日後約3か月ほどであることから日本語でのコミュニケーションを取ることができていません。そのため普段は国際教室で個別指導を受けており、本実践の授業には導入から15分だけ参加しました。そこで一斉授業では一人一人に1台のiPad端末を配付し、「翻訳」を使用しました。「翻訳」は言語管理、音声入力、会話翻訳、言語再生、画面の拡大表示によりコミュニケーションができます。翻訳された文章を修正する場合にはテキスト入力も可能です。

　本時は社会科単元「水はどこから」を扱い、全13時限中9時限目に「水道管は誰がどのようにして守っているのだろう」を主題に授業を行いました。本授業において「翻訳」は次の3つの場面で活用しました。1つ目は授業者の主題の提示や発問などの場面です。授業では、「翻訳」は授業者の発言が中国語になるよう設定され、クラス全体に主題を提示する際も、児童Aに「谁是如何保护水管的呢？」と提示し伝えることができました。

　2つ目は教科書や資料集などの読解や社会事象の単語の理解を補助する場面です。児童Aにとって同時翻訳が効果的になるよう、あらかじめ単元におけるキーワードを抽出し、「翻訳」を用いて表9-1のような中国語（普通話−中国本土）に翻訳された一覧表をつくりました。

3つ目は生徒同士のコミュニケーションを補助する場面です。児童Aと他の児童は「翻訳」を用いることで、言語の壁を越えてコミュニケーションを取ることができます。

表9-1　キーワードの翻訳一覧

日本語	中国語	日本語	中国語
浄水場	浄水場	水の循環	水的循环
ダム	水坝	下水処理施設	污水处理设施
水道	水道	節水	节约用水
水道管	水管	地域をこえた人々の協力	超越地区的人们的合作
水源の森林	水源的森林		

⑵　授業実践の成果と課題

授業者は授業導入時に主題の提示と活動の指示をして、授業者の端末の「翻訳」は図9-6のように翻訳して表示しました。このように「翻訳」は、入力した音声を記録し1つの発言を選んで拡大表示することができるため（図9-7）、授業者は意図したことを選んで指示を出すなど、教室後方の座席にいる児童Aにも伝えることができました。児童Aは図9-6や図9-7の画面を見て授業者の指示を理解したのか、ノートを開いて鉛筆を手に取りノートを取り始める姿が見られました。

図9-6　同時翻訳の画面

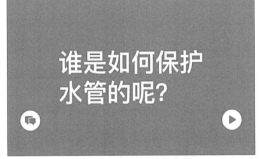

図9-7　翻訳テキストを拡大表示

授業では、日本語で資料を読み意思を伝えることができなかった児童Aも表9-1を用いて単語の意味を把握しようとしていました。次第に、周

りの児童も自分たちが資料の読解で気付いたことを翻訳して児童Aに伝える姿が見られるようになりました。

図9-8は本時後に児童同士が翻訳でコミュニケーションを図る様子です。授業後に数名の児童たちが会話のためにiPadを使いたいと申し出てきました。そして休み時間や宿泊体験のしおり作成のとき、担当箇所の相談や農業に関する言葉を翻訳して児童Aと一緒に活動を進めて

図9-8　児童が翻訳しながら相談する様子

いました。このように数名の児童から児童Aと積極的にコミュニケーションを取ろうとする姿が見られました。また別の教員はワークシートに記入された外国語の文章をカメラでテキスト翻訳して考えを読み取り、翻訳したフィードバックを書いて授業後の評価に活用する取り組みをしていました。

今回は、音声とテキスト入力で即時に翻訳できるiPadアプリケーション「翻訳」を用いて、学級の実態に即した社会科の授業実践を試みました。本授業では児童Aだけでなく、他の児童も「翻訳」の操作に興味をもちながら支援したり学習の道具にしたりする環境が実現できました。

本時は事情により授業半ばまでに翻訳を制限したため、今後は教科内容や学習集団、日本語の理解度などの傾向に応じた、適切な学習形態と授業構成、「翻訳」の使用頻度や活用方法を検討していく必要があるでしょう。

また日本語指導が必要な児童生徒の中には、セミリンガル状態にある者がいることも考えられます。セミリンガル状態ですと、日常会話ができていても年齢相応の思考ができるとは限りません。そのため、同時翻訳だけで学習支援がうまくいくわけではありません。このような児童生徒に対して、母語での認知的経験を重ねるなど支援方法を検討する必要があります。

〈川之上　光〉

2　別室登校児童へのICT活用実践

　コロナ禍でのICTの普及に伴い、通常登校に抵抗感をもつ児童生徒に対して、遠隔による学習参加を促す試みがなされています。本項ではその一環として、通常の学級（以下、「通常級」）と特別支援学級（以下、「支援級」）においてICTを活用したコミュニケーション確立の実践を報告します。

(1)　実践の概要

　本実践は特定の1人の行動や考え方を軸に観察を行うため、公立小学校第4学年の児童1名（以下、「児童P」）を対象にしました。実践期間は約2週間です。児童Pは第3学年の頃から支援級に在籍しており、第4学年に進級した当初は通常級に参加することもありました。しかし、学級の雰囲気に慣れることが難しく「支援級のほうで勉強したい」との要望もあり、通常級への参加から遠のいていました。そして、保護者を交えての面談や中学校での進路を意識し始めたこと、高学年としての意識が芽生え始めたため、再び通常級への参加に意識を向け始めた時期に本実践を行いました。また、児童Pは情報端末を使用したゲームを好んでおり、その取り扱いには普段から慣れていました。そのため、本実践で用いるChromebookでのGoogle Meetの操作には困難を感じてはいない様子でした。

　児童Pが属する通常級と支援級には合わせて44名の児童が在籍しており、本実践以前には支援級と交流した経験は通常級の児童にほとんどありませんでした。そこで、図9-9左のように、この通常級の後方左隅のクラス全体の様子が分かる位置にChromebookを定点観察機器として設置しました。その際、Google Meetを起動してカメラとマイクで教室全体の雰囲気が分かるように

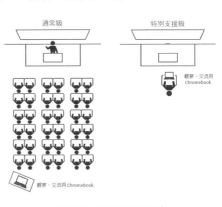

図9-9　両学級のICT環境

しました。そして、図9-9右のように支援級のほうにも教室前方中央に
Chromebookを1台設置しましたが、マイクとカメラは通常オフにして
授業中はその様子が分からないよう設定しました。ただし、休み時間や
給食など児童同士の会話が可能な場合は、両学級児童の希望次第でマイク
とカメラをオンにして自由にコミュニケーションが取れるようにしました。
また、児童Pの卓上にあるChromebookからも同様にいつでもGoogle
Meetで通常級の児童との会話に参加できるように通信環境を整えました。

　こうした環境下で、①朝の時間、②休み時間、③授業時間、④給食時間、
⑤下校時間、に分けて、どのようなコミュニケーションが行われるかを確
認しました。通常級の様子が常に分かる状態にあることで参加への抵抗感
を軽減し、別室登校する児童Pの通常級への参加を促すことがねらいでし
た。以下、実践における児童の様子を抜粋して示すことにします。

　実践初日。支援員である筆者が、児童Pを対象に普段の生活を観察して
メモする旨を伝えると、Pは自分が観察対象になることを自然に受け入れ
て特段の変化はありませんでした。通常級への参加は体育と給食時のみで
した。給食が終わると支援級に戻り、帰りの支度を始めていました。

　実践3日目。先に通常級の児童に変化が現れました。休み時間になると
通常級の児童QがGoogle Meetを介して児童Pに「おーい」などと声を
かけるようになり、児童Pも「気付いてくれるかな」と手を振る姿が見ら
れました。児童Qと児童Pの通話に周りの児童4名が反応し、オンライ
ンでじゃんけんをして遊ぶ様子が見られました。教室左後方に固定された
Chromebookだけでなく自分の端末でも通話したいという要望が通常級
の児童から挙がり、複数同時通話を行った後にそれらの児童を含めた3名
が支援級に足を運び、支援級側のGoogle Meet画面に写っていました。

　実践7日目。児童Pは近距離でのオンライン交流状況に慣れてきた様子
で、朝の時間や授業時間には特に情報端末に興味を示す様子は見られなく
なっていました。一方、通常級の児童らは変わらずカメラに向かって話し
かけたり手を振ったりしていました。児童Rが休み時間や下校時間にまる
でユーチューバーのようにクラス紹介をしてくれましたが、画面をながめ
る児童Pは淡々としており、特に関心がない様子でした。

実践 9 日目。朝の時間に支援員が「3 時間目は昨日の算数の続きらしいんだけど（通常級の）教室行く？」と声かけをしたところ、児童 P は「今日は行こうと思っていたんだよね」と快諾しました。授業にも参加するようになり、積極的に挙手して発言する様子も見られました。授業後、P が Chromebook はもっと授業がよく見える場所がよいと要望しました。また支援級の担任教員に「おれ、手挙げて答えた！」と報告するなど通常級に進んで参加できたことを喜ぶ様子がうかがえました。

　実践 11 日目。この日の朝の時間は読書であり、Google Meet での会話をはばかる雰囲気であったため、マイクは切ってありました。すると、児童 P はホワイトボードに書いた文字をカメラに映して通常級とやり取りをしようと試みました。それに気付いた児童 R が教室ではしゃべれないというジェスチャーとともに手を振り、「後で行くね」「OK。待っているね」と身振り手振りで返すなど笑顔でコミュニケーションを図っていました。

　実践 12 日目。児童 P は朝から「昨日ずっと（通常級に）行って疲れた」とつぶやいていました。昼休みには、通常級の児童 S が他 2 名を連れて支援級に遊びに来ていました。過去にそういった接触がなかったために児童 P が「どうしたの？」と尋ねると、児童 S は「連れてきた！　みんなで会いに来た」と話をしながらトランポリンで遊んでいました。「会いに来た」と言われて少し照れた様子の児童 P は、次第に Chromebook ではなくトランポリンのほうに混ざりながら、時折笑顔を見せつつ遊んでいました。

(2)　実践の成果と課題

　本実践の成果は、児童 P の通常級での授業への参加が増えたことに加え、休み時間や下校時間など学習以外の交流にも明確に表れていました。支援級にいる児童が通常級での活動に進んで参加することは簡単ではなく、支援級の担任教員を介して慎重に進められることが穏当でしょう。その上で、本実践では児童同士が Google Meet を通して互いに興味を抱き、活動を共にする中で互いを分かり合おうとする傾向の発現が確認できました。今後は、こうした相互理解の姿勢を持続可能にしていく試みに取り組んでいきます。

〈若林　仰大〉

3　メタバースでの没入型学習の実践

　教育の分野はメタバースを活用するに当たって最も相性のよい分野の1つといわれています。実際にVRを用いた学習教材は比較的早い時期から開発が行われており、現在教育現場では多くのVR学習教材が用いられています。学習活動においてメタバースを用いるメリットとして表9-2のようなものが考えられます。

表9-2　メタバースを用いるメリット

①　距離や時間にとらわれない学習が可能になる
VR学習教材を用いることで、例えば外国の史跡や数百年前の街並みなどを疑似体験することができます。また、現存していたとしても直接見ることが困難な貴重な資料なども、あたかも手元にあるかのように観察することができます。
②　危険な実験や高価な実験が可能になる
化学実験や医学の実験などは人体に危険な薬品や高価な試料を使うことも少なくありません。VR学習教材を用いることで、安全かつ比較的安価にもかかわらず臨場感のある実験や体験が可能となります。また、失敗してしまっても、リセットしてすぐにやり直すことができるのも大きなメリットの1つです。
③　教育を受ける機会を均等化することが可能になる
メタバースはインターネットに接続することで、基本的に世界中のどこでも同じ体験をすることができます。現実世界での学習環境が十分に整備されていない国や、離島などで在校人数が少ない学校においても充実した設備を用いた学習を受けたり、多人数での学習を行ったりすることが可能になります。

　メタバースについての理論的な解説は本章の第1節3項でなされていますので、ここではメタバースを用いた学習の具体的な例を紹介します。

⑴　メタバースを用いた授業や課外活動

　角川ドワンゴが運営している「N高等学校」と「S高等学校」は2023年6月時点で履修可能なVR授業が4,925本用意されており、声を出して相手とコミュニケーションを取りながらの学習も可能です。また、メタバースでの遠足や夏祭り、体育祭、修学旅行などを実施し、遠く離れた場所にいる生徒同士が、同じ空間で交流することを可能としています。なお、図9-10と図9-11はN高等学校・S高等学校ホームページからの転載です。

図9-10　N高等学校・S高等学校で提供されているVR授業の一例（提供：N高等学校・S高等学校）

図9-11　メタバースでの課外活動（提供：N高等学校・S高等学校）

(2)　アバターを用いた授業

　新型コロナウイルス感染症の流行でオンライン授業は私たちにとって身近なものとなりました。しかし、ZoomやMicrosoft Teamsなどのオンライン会議ソフトウェアでの同時双方向型オンライン授業では、恥ずかしさや他の受講生への遠慮などから、カメラをオンにする受講生が少なく、コミュニケーションが円滑に進み

図9-12　Zoomのアバター機能を用いた筆者

にくいといった課題もあります。そこで、カメラに映る自分の顔を他の人物やキャラクターに置き換えるアバター機能を用いることでグループワークや教員とのコミュニケーションの円滑化、活性化を図ることが可能となります。また、対面授業では消極的な受講生もアバターを使うことで対話の機会が増えたという報告もあります。

アバターを用いた授業は「Mozilla Hubs」や「VRChat」といった専門的なソフトウェアを用いることで充実した環境をつくり出すことができますが、Zoomにおいても他に特別なソフトウェアを用いることなく簡易的なアバターを設定することが可能です。また、モーションキャプチャや生体反応の計測など、物理世界にいる人間の身体状態や運動状態についての情報をメタバースの世界に取り込む技術も進歩しています（雨宮．2023）。そのため、アバター機能は今後ますます発展することが予想されます。

メタバースを用いた授業と従来から行われている対面での授業、それぞれにメリットとデメリットがあります。教員は授業の目的やねらいに合わせて適切な方法を選択することが今後重要となるでしょう。

〈前田 裕介〉

引用・参考文献

〔第1章〕

中央教育審議会（2021），「令和の日本型学校教育」の構築を目指して～全ての子供たちの可能性を引き出す，個別最適な学びと，協働的な学びの実現～（答申）（令和3年1月26日）

　https://www.mext.go.jp/content/20210126-mxt_syoto02-000012321_2-4.pdf〔2023.8.14 情報取得〕

中央教育審議会（2022），「令和の日本型学校教育」を担う教師の養成・採用・研修等の在り方について～「新たな教師の学びの姿」の実現と多様な専門性を有する質の高い教職員集団の形成～（答申）（中教審第240号）

　https://www.mext.go.jp/b_menu/shingi/chukyo/chukyo3/079/sonota/1412985_00004.htm〔2023.4.28 情報取得〕

伊藤大河・川村和也・内田瑛・河合麗奈（2023），『大学基礎　データサイエンス』，実教出版

国立教育政策研究所（2020a），高度情報技術を活用した全ての子供の学びの質の向上に向けて（フェイズ1　中間シンポジウム報告書）

　https://www.nier.go.jp/05_kenkyu_seika/pdf_seika/h31/r021113-01_honbun.pdf〔2023.7.31 情報取得〕

国立教育政策研究所（2020b），「学習評価」の充実による教育システムの再構築：みんなで創る「評価の三角形」（フェイズ2　中間シンポジウム報告書）

　https://www.nier.go.jp/05_kenkyu_seika/pdf_seika/r02/r020915-01_honbun.pdf〔2023.7.31 情報取得〕

文部科学省（2016），小学校段階におけるプログラミング教育の在り方について（議論の取りまとめ）

　https://www.mext.go.jp/b_menu/shingi/chukyo/chukyo3/053/siryo/__icsFiles/afieldfile/2016/07/08/1373901_12.pdf〔2023.7.31 情報取得〕

文部科学省（2018a），「ICTを活用した学習成果の把握・評価に向けた学習要素の分類等に関する調査研究事業」事業報告書

　https://www.mext.go.jp/a_menu/shotou/zyouhou/detail/1410959.htm〔2023.7.31 情報取得〕

文部科学省（2018b），Society 5.0におけるEdTechを活用した教育ビジョンの策定に向けた方向性

　https://www.mext.go.jp/b_menu/shingi/chukyo/chukyo3/002/siryo/__icsFiles/afieldfile/2018/06/20/1406021_18.pdf〔2023.8.30 情報取得〕

文部科学省（2020），「個別最適な学び」と「協働的な学び」の一体的な充実

https://www.mext.go.jp/a_menu/shotou/new-cs/senseiouen/mext_01317.html
〔2023.3.4 情報取得〕

内閣府（2016），第5期科学技術基本計画

　　https://www8.cao.go.jp/cstp/kihonkeikaku/index5.html〔2023.8.14 情報取得〕

OECD（2018），Education Policy in Japan: Building Bridges towards 2030，Reviews of National Policies for Education，OECD Publishing: Paris

　　https://doi.org/10.1787/9789264302402-en〔2023.6.16 情報取得〕

OECD（2019a），OECD Future of Education and Skills 2030 Conceptual learning framework CORE FOUNDATIONS FOR 2030

　　https://www.oecd.org/education/2030-project/teaching-and-learning/learning/core-foundations/Core_Foundations_for_2030_concept_note.pdf〔2023.6.16 情報取得〕

OECD（201b），OECD Future of Education and Skills 2030 Conceptual learning framework LEARNING COMPASS 2030

　　https://www.oecd.org/education/2030-project/teaching-and-learning/learning/learning-compass-2030/OECD_Learning_Compass_2030_concept_note.pdf〔2023.6.16 情報取得〕

OECD（2019c），OECD Future of Education and Skills 2030 Conceptual learning framework SKILLS FOR 2030

　　https://www.oecd.org/education/2030-project/teaching-and-learning/learning/learning-compass-2030/OECD_Learning_Compass_2030_Concept_Note_Series.pdf〔2023.6.16 情報取得〕

OECD（2019d），OECD Future of Education and Skills 2030 project background

　　https://www.oecd.org/education/2030-project/about/E2030%20Introduction_FINAL_rev.pdf〔2023.6.16 情報取得〕

小原豊（2023），教職課程における科目「ICT活用の理論と実践」実施に伴う諸課題，『学習院大学教職課程年報』第9号，pp.9-15.

パパート，S.（1982），『マインドストーム』，奥村貴世子訳，未来社（原著：Papert, S., MINDSTORMS: Children, Computers, and Powerful Ideas. Basic Books: New York,1980

Pellegrino, J.W., Chudowsky, N., Glaser, R.（2001），Knowing What Students Know. National Academy Press: Washington, D. C.

滋賀大学データサイエンス学部・長崎大学情報データ科学部（2022），『データサイエンスの歩き方』，学術図書出版社

〔第2章〕

文部科学省（2023a），GIGAスクール構想の下での校務DXについて〜教職員の働

きやすさと教育活動の一層の高度化を目指して〜

https://www.mext.go.jp/content/20230308-mxt_jogai01-000027984_001.pdf

〔2023.8.4 情報取得〕

文部科学省（2023b），初等中等教育段階における生成AIの利用に関する暫定的なガイドライン

https://www.mext.go.jp/content/20230710-mxt_shuukyo02-000030823_003.pdf

〔2023.8.4 情報取得〕

文部科学省（2023c），StuDX Styleウェブサイト

https://www.mext.go.jp/studxstyle/index.html〔2023.7.2 情報取得〕

清水理史（2021），『できるMicrosoft Teams for Education　すぐに始めるオンライン授業』，インプレス

高橋宣成（2021），『詳解！Google Apps Script完全入門　第3版』，秀和システム

谷竜太（2022），デジタル媒体と紙媒体のハイブリッド併用による在宅学習，『情報ジャーナル』4 ⑴，pp.25-30，日本情報教育学会

〔第3章〕

新井紀子（2012），『ほんとうにいいの？デジタル教科書』，岩波書店

デジタル庁・総務省・文部科学省・経済産業省（2022），教育データ利活用ロードマップ

https://www.digital.go.jp/news/a5F_DVWd/〔2023.7.31 情報取得〕

藤原耕二他55名（2022），『数学Ⅰ』，新興出版社啓林館

文部科学省（2018），学習者用デジタル教科書の効果的な活用の在り方等に関するガイドライン

https://www.mext.go.jp/b_menu/shingi/chousa/shotou/139/houkoku/1412207.htm〔2023.7.27 情報取得〕

文部科学省（2020），教育の情報化に関する手引─追補版─

https://www.mext.go.jp/a_menu/shotou/zyouhou/detail/mext_00117.html

〔2023.7.31 情報取得〕

文部科学省（2021），令和2年度学校における教育の情報化の実態等に関する調査結果（概要）

https://www.mext.go.jp/content/20211122-mxt_shuukyo01-000017176_1.pdf

〔2023.8.15 情報取得〕

文部科学省（2022），令和3年度学校における教育の情報化の実態等に関する調査結果

https://www.mext.go.jp/a_menu/shotou/zyouhou/detail/mext_00026.html

〔2023.7.31 情報取得〕

文部科学省（2023），令和4年度学校における教育の情報化の実態等に関する調査

結果（概要）（令和5年3月1日現在）〔確定値〕

https://www.mext.go.jp/content/20231031-mxt_jogai01-000030617_1.pdf

〔2023.11.25情報取得〕

村上唯斗・高橋純・松瀬尚・後藤大介・村岡信太朗・池田勝巳（2017），動画クリップと連携した学習者用デジタル教科書を用いた授業の特徴，全日本教育工学研究協議会第43回全国大会，pp. 145-148

小原豊（2016），情報機器を使いこなす，関東学院大学初等教育研究会『小学校教員をめざす人のために』，丸善出版

大井将生・渡邉英徳（2020），ジャパンサーチを活用した小中高でのキュレーション授業デザイン：デジタルアーカイブの教育活用意義と可能性，『デジタルアーカイブ学会誌』4（4），pp.352-359

〔第4章〕

赤羽泰・小原豊（2022），小学校教員による授業支援アプリの使用傾向の規定因，『日本科学教育学会第46回年会論文集』，pp.524-525

中央教育審議会（2012a），新たな未来を築くための大学教育の質的転換に向けて〜生涯学び続け、主体的に考える力を育成する大学へ〜用語集（答申）

https://www.mext.go.jp/component/b_menu/shingi/toushin/__icsFiles/afieldfile/2012/10/04/1325048_3.pdf〔2023.8.30 情報取得〕

中央教育審議会（2012b），初等中等教育における教育課程の基準等の在り方について（諮問）

https://www.mext.go.jp/b_menu/shingi/chukyo/chukyo0/toushin/1353440.htm

〔2023.8.30 情報取得〕

藤井千春（2016），『アクティブ・ラーニング授業実践の原理：迷わないための視点・基盤・環境』，明治図書出版

文部科学省（2017），小学校学習指導要領（平成29年告示）

文部科学省（2021），教育データの利活用に関する各種取組状況（令和3年12月，総合教育政策局教育DX推進室）

https://www.mext.go.jp/kaigisiryo/content/20211222-mxt_syoto01-000019693_012.pdf〔2023.4.29 情報取得〕

森本康彦（2011），高等教育におけるeポートフォリオの最前線，『システム制御情報学会誌』Vol.55, No.10，pp.23-29

NHK for school（n.d.），はりきり体育ノ介：器械運動（マット）〜開脚前転・開脚後転に挑戦だ！〜

https://www2.nhk.or.jp/school/watch/bangumi/?das_id=D0005220021_00000

〔2023.9.3 情報取得〕

〔第5章〕

中央教育審議会（2016），小学校段階におけるプログラミング教育の在り方について（議論の取りまとめ）

https://www.mext.go.jp/b_menu/shingi/chousa/shotou/122/attach/1372525.htm
〔2023.2.17 情報取得〕

文部科学省（2020），小学校プログラミング教育の手引き（第三版）

https://www.mext.go.jp/content/20200218-mxt_jogai02-100003171_002.pdf
〔2023.2.17 情報取得〕

文部科学省（2020），「個別最適な学び」と「協働的な学び」の一体的な充実

https://www.mext.go.jp/a_menu/shotou/new-cs/senseiouen/mext_01317.html
〔2023.3.4 情報取得〕

NPO法人みんなのコード（2023），プロカリ，季節感を楽しもう（5年・国語）

https://procurri.jp/2019/09/05/scratch3/licensed under CC BY-NC-SA 4.0
〔2023.8.31 情報取得〕

パパート，S.（1982），『マインドストーム』，奥村貴世子訳，未来社（原著：Papert, S., MINDSTORMS: Children, Computers, and Powerful Ideas. Basic Books: New York,1980

Stephens, M. & Kadijevich, D.M. (2020), Computational/Algorithmic Thinking, In: Lerman, S. (eds) Encyclopedia of Mathematics Education. Springer.Cham

https://doi.org/10.1007/978-3-030-15789-0_100044〔2023.10.6 情報取得〕

TIOBE（2023），TIOBE Index for August 2023

https://www.tiobe.com〔2023.9.3 情報取得〕

Wing, J. M. (2014), Computational thinking benefits society. 40th Anniversary Blog of Social Issues in Computing

http://socialissues.cs.toronto.edu//index.html〔2023.3.4 情報取得〕

〔第6章〕

Achieve（2013）. Next Generation Science Standards

http://www.nextgenscience.org/next-generation-science-standards〔2023.8.29 情報取得〕

中央教育審議会（2021），「令和の日本型学校教育」の構築を目指して～全ての子供たちの可能性を引き出す、個別最適な学びと、協働的な学びの実現～（答申）

https://www.mext.go.jp/content/20210126-mxt_syoto02-000012321_2-4.pdf
〔2023.8.14 情報取得〕

iTeachers TV（2022），『GIGAからはじめるICT』新春特別企画　3ミニッツ祭り（第2回）

https://youtu.be/tS8YyyMxf0k?si=Z5QMjeD7cRBDcLZs〔2023.8.31 情報取得〕

経済産業省（2021），未来社会の作り手を育む「STEAMライブラリー　Ver.1」を
　　公開します

　　https://www.meti.go.jp/press/2020/03/20210301001/20210301001.htm
　　〔2023.8.29 情報取得〕

経済産業省（2023），「未来の教室」STEAMライブラリー：地域活性化プロジェ
　　クト__宮崎県立富島高等学校

　　https://www.steam-library.go.jp/practices?page=2〔2023.8.29 情報取得〕

経済産業省（n.d.）EdTechライブラリー

　　https://www.learning-innovation.go.jp/edtech-library/〔2023.8.27 情報取得〕

国立研究開発法人科学技術振興機構（n.d.），ジュニアドクター育成塾

　　https://www.jst.go.jp/cpse/fsp/〔2023.8.1 情報取得〕

ミッチェル・レズニック（2018），『ライフロング・キンダーガーテン：創造的思
　　考力を育む4つの原則』，酒匂寛訳，日経BP社

中本悠太・御園真史（2022），感染症の流行予測モデルに関する高等学校におけ
　　る数学的モデリングの遠隔授業実践の取り組み：シミュレーションに基づ
　　く問題解決を通して，『科学教育研究』46(1)，pp.29-32

National Reseach Coucil (2012), A Framework for K-12 Science Education: Practics,
　　Crosscutting Concept,and Core Ideas, The National Academies Press: Washington,
　　D. C.

　　https://doi.org/10.17226/13165〔2023.10.6 情報取得〕

大谷忠（2021），STEM/STEAM教育をどう考えればよいか：諸外国の動向と日本
　　の現状を通して，『科学教育研究』45(2)，pp.93-102

山内祐平（2010），『デジタル教材の教育学』，東京大学出版会

〔第 7 章〕

APA (2020), Telepsychology

　　https://www.apa.org/members/your-growth/practice-management/telepsychology/
　　index〔2023.3.28情報取得〕

CAST (2011), Universal Design for Learning Guidelines version 2.0. Wakefield，MA:
　　Author：キャスト（2011），学びのユニバーサルデザイン・ガイドライン
　　ver.2.0.，バーンズ亀山静子・金子晴恵訳〔2011/05/10 翻訳版〕

中央教育審議会初等中等教育分科会（2012），共生社会の形成に向けたインクル
　　ーシブ教育システム構築のための特別支援教育の推進（報告）

　　https://www.mext.go.jp/b_menu/shingi/chukyo/chukyo3/044/houkoku/1321667.
　　htm〔2023.11.27情報取得〕

枝廣和憲（2018），学校全体で取り組むPBIS，栗原慎二編著，『ポジティブな行動

が増え、問題行動が激減！　PBIS実践マニュアル＆実践集』，ほんの森出版

一柳貴博・高堰仁美・下山晴彦 (2021)，発達障害児のいじめ防止のためのICTツール開発研究：応用行動分析を活用して，『東京大学大学院教育学研究科紀要』60，pp.83-93

文部科学省 (2021)，新しい時代の特別支援教育の在り方に関する有識者会議報告

https://www.mext.go.jp/content/20210208-mxt_tokubetu02-000012615_2.pdf
〔2023.3.28情報取得〕

文部科学省 (2022)，生徒指導提要 (改訂版)

https://www.mext.go.jp/content/20230220-mxt_jidou01-000024699-201-1.pdf
〔2023.3.28情報取得〕

日本心理学会 (2020)，遠隔心理学 (Telepsychology)

https://psych.or.jp/special/covid19/telepsychology/〔2023.3.28情報取得〕

トレイシー・E・ホール，アン・マイヤー，デイビッド・H・ローズ (2018)，『UDL学びのユニバーサルデザイン』バーンズ亀山静子訳，東洋館出版社

山本淳一・池田聡子 (2005)，『応用行動分析で特別支援教育が変わる：子どもへの指導方略を見つける方程式』，図書文化社

〔第8章〕

朝日新聞社 (2021) 小6自殺　遺書に「いじめ」，『朝日新聞』2021年9月14日朝刊，p.31

文化庁著作権課 (n.d.)，学校における教育活動と著作権　令和5年度改訂版

https://www.bunka.go.jp/seisaku/chosakuken/seidokaisetsu/pdf/93869701_01.pdf
〔2023.8.31 情報取得〕

原清治編著 (2021)，『ネットいじめの現在：子どもたちの磁場でなにが起きているのか』，ミネルヴァ書房

ISTE (n.d.), Standards: Students

https://www.iste.org/standards/iste-standards-for-students?fbclid=IwAR0Cg_0gmcBDuK31CezWuTmcp7GtZ2ihOT35CXqr8qxlrCVEnZM6VBnkDfw〔2023.8.19情報取得〕

一般社団法人授業目的公衆送信補償金等管理協会 (n.d.)，授業目的公衆送信補償金制度とは

https://sartras.or.jp/seido/〔2023.8.31 情報取得〕

一般社団法人授業目的公衆送信補償金等管理協会 (n.d.)，改正著作権法第35条運用指針 (令和3 (2021) 年度版)

https://sartras.or.jp/wp-content/uploads/unyoshishin_20201221.pdf〔2023.8.31 情

報取得〕

クリエイティブ・コモンズ・ジャパン（n.d.），クリエイティブ・コモンズ・ライセンスとは

　https://creativecommons.jp/licenses/〔2023.8.31 情報取得〕

LINE株式会社（2015），LINEワークショップ「楽しいコミュニケーション」を考えよう！　ネットコミュニケーション・リテラシー教育　写真編

毎日新聞社（2021），東京・町田の小6女児自殺　端末でいじめ、対応遅れる　チャット機能で悪口,『毎日新聞』2021年11月9日朝刊，p.25

文部科学省（2008），「ネット上のいじめ」に関する対応マニュアル・事例集（学校・教員向け）

　https://www.mext.go.jp/b_menu/houdou/20/11/08111701/001.pdf〔2023.7.27 情報取得〕

文部科学省（2022），令和3年度　児童生徒の問題行動・不登校等生徒指導上の諸課題に関する調査結果について

　https://www.mext.go.jp/content/20221021-mxt_jidou02-100002753_1.pdf
　〔2023.7.27 情報取得〕

総務省（2021），我が国における青少年のインターネット利用に係るフィルタリングに関する調査

　https://www.soumu.go.jp/main_content/000746226.pdf〔2023.7.27 情報取得〕

総務省（2023），家庭で学ぶデジタル・シティズンシップ〜実践ガイドブック〜

　https://www.soumu.go.jp/main_content/000874784.pdf〔2023.8.19 情報取得〕

STEAM ライブラリー（n.d.），GIGAスクール時代のテクノロジーとメディア〜デジタル・シティズンシップから考える創造活動と学びの社会化

　https://www.steam-library.go.jp/content/132〔2023.8.19 情報取得〕

上野達弘編（2021），『教育現場と研究者のための著作権ガイド』，有斐閣

山本光・松下孝太郎（2019），『やさしくわかるデジタル時代の著作権』，技術評論社

〔第9章〕

雨宮智浩（2023），『メタバースの教科書』，オーム社

学校法人角川ドワンゴ学園N高等学校・S高等学校（n.d.），世界最先端のオンライン学習

　https://nnn.ed.jp/learning/vr/〔2023.8.31 情報取得〕

時事通信社（2022），メタバース活用し不登校生徒を支援：つながりのきっかけに：三重県と埼玉県戸田市の事例から,『内外教育』7041，pp.12-13

教育メタバース実証研究委員会（2023），不登校対策としての『教育メタバースの効果と課題』と今後の可能性を検証,『令和4年度　次世代の学校・教育

現場を見据えた先端技術・教育データの利活用推進事業〔実証地域事業〕』
https://www.mext.go.jp/content/20230315-mxt_shoto01-100013299_001.pdf
〔2023.10.6 情報取得〕

日本放送協会 (n.d.)，NHK for School
https://www.nhk.or.jp/school/〔2023.10.6 情報取得〕

松田真希子・中川郷子 (2018)，外国にルーツをもつ児童の発達アセスメントと
言語の問題について，『金沢大学留学生センター紀要』21，pp.29-42

文部科学省 (2019)，教育の情報化に関する手引
https://www.mext.go.jp/a_menu/shotou/zyouhou/detail/mext_00724.html
〔2023.7.31 情報取得〕

文部科学省 (2021)，外国人児童生徒等教育の現状と課題
https://www.mext.go.jp/content/20210526-mxt_kyokoku-000015284_03.pdf
〔2023.7.31 情報取得〕

文部科学省 (2023)，令和4年度 児童生徒の問題行動・不登校等生徒指導上の諸
課題に関する調査結果について
https://www.mext.go.jp/content/20231004-mxt_jidou01-100002753_1.pdf
〔2023.11.27情報取得〕

文部科学省総合教育政策局国際教育課 (n.d)，かすたねっと
https://casta-net.mext.go.jp/〔2023.10.6 情報取得〕

小川修平 (2013)，早期バイリンガル教育の潜在的リスク：セミリンガル生成の
メカニズムと二つのリスク体系，『盛岡大学紀要』30，pp.1-12

岡嶋裕史監修 (2022)，『今世紀最大のビジネスチャンスが1時間でわかる！ メ
タバース見るだけノート』，宝島社

オリィ研究所 (n.d) https://orylab.com/〔2023.10.6 情報取得〕

新興出版社啓林館 (n.d.)，スマートレクチャーわくわく算数
https://wakuwakumath.net/〔2023.10.6 情報取得〕

武井勇樹 (2022)，『60分でわかる！ メタバース超入門』，技術評論社

Zhao, Jiayan, et al. (2021), Longitudinal Effects in the Effectiveness of Educational
Virtual Field Trips. Journal of Educational Computing Research，60(4), pp.1008-
1034
https://doi.org/10.1177/07356331211062925〔2023.10.6 情報取得〕

索引

〔ア行〕

アクティブ・ラーニング　66, 67, 71-73

アンプラグド　97, 98, 105-107

オンライン辞書　171, 172

オンライン授業　47, 154, 184

〔カ行〕

仮想現実　117, 172, 175

拡張現実　117, 175

教員ナビ　146-149

教科等横断的な学習　30, 108-110

クラウドストレージサービス　44, 46

クリエイティブ・コモンズ　154

クリエイティブ・コモンズ・ライセンス　155

校務DX　26, 27, 29

〔サ行〕

授業支援システム　65-68, 70-73, 82, 83

修学支援　173, 174

情報リテラシー　26, 29, 151

スクールタクト　67, 83, 85

生成AI　8, 17, 29, 117

セミリンガル　172, 179

〔タ行〕

探究活動　57

著作権　29, 57, 104, 151, 154, 155

データ・リテラシー　16-18

テキストプログラミング　93, 122

デジタル・シティズンシップ　150-153

デジタル・リテラシー　16-18

デジタルアーカイブ　56, 57

デジタルポートフォリオ　67, 69, 75, 76, 78

デジタルワークスペース　34-37

デジタル教科書　20, 22, 50, 51, 56, 58, 60

電子黒板　10, 50, 52-55, 61-63, 99

特別支援教育　30, 56, 138, 139, 140, 143

ドリルパーク　80-82

ドローン　123-125

〔ナ行〕

ネットいじめ　8, 152, 156, 157, 159

〔ハ行〕

ビジュアルプログラミング言語　90, 93, 99, 120, 122, 123

ビッグデータ　16, 17, 22-25, 70

ファクトチェック　163-165

複言語教育　169, 170

プログラミング教育　11, 12, 89, 92, 104, 109

プログラミング的思考　89, 90, 92-94, 96-101, 104, 106, 120, 121, 125, 128, 131

ペアレンタルモニタリング　158

没入型VR　175

翻訳アプリ　177

翻訳ツール　171, 172

〔マ行〕

マイクロワールド　　92

ミライシード　　65, 67, 80-82

メタバース　　169, 173, 175, 176, 183, 185

メディア・リテラシー　　151

モーションキャプチャ　　185

〔ヤ行〕

ユニバーサルデザイン　　132, 164, 165

〔ラ行〕

ラーニング・コンパス　　15, 16

ロイロノート　　12, 67, 72, 77-79

〔英字〕

Apple Classroom　　38-40

AR（→拡張現実）

BASIC　　11

Chat GPT　　8, 17, 29

Chromebook　　53, 180-182

CLIL　　169, 170

CSCL　　116

EdTechライブラリー　　117

EdTech教材　　108, 116-119

filii　　158

GarageBand　　126

Google フォーム　　47, 49, 166

Google Classroom　　41, 42, 53, 67

Google for Education　　53

Google Jamboard　　166

Google Meet　　180-182

iMovie　　129, 130

IoT　　17, 24

iPad　　38, 39, 55, 78, 79, 126, 140, 143-145, 177, 179

KAGURA　　126-128

LINEワークショップ　　160

LMS　　7, 41-43

LOGO　　11, 90-92

MetaMoJi　　67

Microsoft Teams　　34, 36, 184

NHK for School　　56, 64-66, 77, 171

SARTRAS　　154

Scratch　　11, 12, 90, 92, 94, 99-101, 107, 118, 119

SDGs　　129, 130, 136

SKYMENU　　67

SSH　　113

STEAM教育　　30, 31, 108-114, 125, 153

STEAMライブラリー　　114, 152

STEM教育　　108, 112, 113

StuDX Style　　30, 31, 33

Tello EDU　　123

VR（→仮想現実）

Zoom　　16, 34, 184, 185

執筆者一覧

【編著者】

小原　豊（おはら　ゆたか）

まえがき、第1章1節1、第4章1節1、第9章1節2

筑波大学産学官連携研究員、鳴門教育大学助教授、立命館大学准教授、関東学院大学教授を経て、現在、学習院大学大学院教授。

主な著書に『Japanese Lesson Study in Mathematics』（World Scientific、共編著）、『授業に役立つ算数教科書の数学的背景』（東洋館出版社、共編著）、『深い学びを支える数学教科書の数学的背景』（東洋館出版社、共編著）、『小学校教員をめざす人のために』（関東学院大学出版会、共編著）、『中学校数学科つまずき指導事典』（明治図書出版、共編著）他

北島　茂樹（きたじま　しげき）

第1章1節3、第3章1節1、第9章1節3

筑波大学附属中学校教諭を経て、現在、明星大学教授。博士（教育学、東北大学）。

主な著書に『中学校数学科　ユニバーサルデザインの授業プラン30〜UDLの視点で、生徒全員の学びを支える〜』（明治図書出版）、『中学校新数学科　数学的活動の実現』（明治図書出版、共編著）、『新課程6ヵ年教育をサポートする体系数学』（数研出版、共編著）他

【分担執筆者】（五十音順）

赤羽　泰（あかはね　たい）淑徳小学校　第2章2節1、第4章2節3・4、第6章2節2、第8章2節2

一柳　貴博（いちやなぎ　たかひろ）博士（教育学）、東京大学大学院研究員　第7章2節3

梅宮　亮（うめみや　りょう）横浜市立汐入小学校　第5章1節2、第6章1節2

枝廣　和憲（えだひろ　かずのり）博士（教育学）、福山大学准教授　第7章1節1〜3

大石　泰範（おおいし　やすのり）八千代松陰高等学校　第3章2節1、第8章2節3

大島　佳香（おおしま　よしか）福山大学大学院人間科学研究科　第7章1節3

岡田　琉星（おかだ　りゅうせい）、厚木市立戸室小学校　第6章2節1

春日　和久（かすが　かずひさ）草加市立八幡北小学校　第2章1節1

勝田　仁之（かつだ　まさゆき）筑波大学附属高等学校　第2章2節4

金児　正史（かねこ　まさふみ）帝京平成大学教授　第1章1節2、第5章1節1

川之上　光（かわのうえ　ひかる）横浜市立屏風浦小学校　第9章2節1

菅野　七穂（かんの　ななほ）横浜市立汲沢小学校　第4章2節1

栗原　崚（くりはら　りょう）学習院大学文学部助教　第3章1節3、第8章1節3

黒田　里理（くろだ　さとり）鳥取県立皆生養護学校　第7章2節2

黒田　珠衣（くろだ　しゅい）お茶の水女子大学文教育学部　第7章1節1

甲村　美帆（こうむら　みほ）博士（学術）、群馬県立女子大学教授　第1章2節2

坂井　武司（さかい　たけし）博士（情報学）、京都女子大学教授　第1章2節1

佐々木雄大（ささき　ゆうだい）横須賀市立岩戸小学校　第4章2節2

下山　晴彦（しもやま　はるひこ）博士（教育学）、跡見学園女子大学教授　第7章2節3

神保　勇児（じんぼ　ゆうじ）東京学芸大学附属大泉小学校　第9章1節1

菅生　実夢（すごう　みゆ）学習院大学文学部　第6章2節4

鈴木　晴（すずき　はる）横浜国立大学教職大学院　第4章2節4

髙橋　孝輔（たかはし　こうすけ）福山大学人間文化学部　第7章1節2

田中陽太郎（たなか　ようたろう）鳥取県立皆生養護学校　第7章2節1

谷　竜太（たに　りゅうた）田中学園立命館慶祥小学校　第2章1節2・3、2節3

早田　透（はやた　とおる）博士（教育学）、鳴門教育大学准教授　第5章1節3

前田　裕介（まえだ　ゆうすけ）大阪大谷大学助教　第1章2節3、第8章1節2、第9章2節3

益山　正広（ますやま　まさひろ）横浜市立宮谷小学校　第5章2節2

御園　真史（みその　ただし）博士（学術）、島根大学教授　第6章1節1

宮川　史義（みやかわ　みたけ）京都教育大学附属桃山小学校　第3章1節2、第4章1節2

宮島　衣瑛（みやじま　きりえ）学習院大学大学院博士後期課程　第2章2節2、第6章1節3

三輪　直也（みわ　なおや）筑波大学附属高等学校　第2章2節4、第4章1節3

村上　祐太（むらかみ　ゆうた）川崎市立作延小学校　第3章2節3

山田　誠紹（やまだ　まさつぐ）横浜市立山下小学校　第6章2節2、第8章2節1

山村　正義（やまむら　まさよし）横浜国立大学教職大学院　第3章2節2

山本　光（やまもと　こう）横浜国立大学教授　第5章2節2、第8章1節1

横山　佳穂（よこやま　かほ）学習院大学文学部　第5章2節1

依田　晴輝（よりた　はるき）横浜市立根岸小学校　第5章2節3

若林　仰大（わかばやし　こうだい）川崎市立宮崎台小学校　第9章2節2

渡辺　蒼龍（わたなべ　そうりゅう）厚木市立小鮎小学校　第6章2節3

カスタマーレビュー募集

本書をお読みになった感想を下記サイトにお寄せ下さい。レビューいただいた方には特典がございます。

https://www.toyokan.co.jp/products/5453

未来を拓くICT教育の理論と実践

2024（令和6）年2月14日　初版第1刷発行

編著者：小原 豊、北島 茂樹

発行者：錦織 圭之介

発行所：株式会社東洋館出版社

　　　　〒101-0054 東京都千代田区神田錦町2丁目9番1号
　　　　　　　　　コンフォール安田ビル2階
　　　　代　表　電話 03-6778-4343　FAX 03-5281-8091
　　　　営業部　電話 03-6778-7278　FAX 03-5281-8092
　　　　振　替　00180-7-96823
　　　　U R L　https://www.toyokan.co.jp

印刷・製本：岩岡印刷株式会社
　　　装丁：國枝 達也

ISBN978-4-491-05453-7　Printed in Japan